MARTIN BERKE / TOBIAS APPELT

Natur erleben

Der Erlebnisführer zu den
Nationalen Naturlandschaften
in Baden-Württemberg

Naturparke Deutschland

Nationale Naturlandschaften

KLARTEXT

Impressum

Natur erleben

Der Erlebnisführer zu den Nationalen Naturlandschaften in Baden-Württemberg

HERAUSGEBER
Verband Deutscher Naturparke e. V.
Platz der Vereinten Nationen 9
53113 Bonn
Tel. 0228 / 9212860
Fax 0228 / 9212869
info@naturparke.de
www.naturparke.de

KOOPERATIONSPARTNER
EUROPARC Deutschland e. V.
Friedrichstraße 60
10117 Berlin
Tel. 030 / 28878820
Fax 030 / 288788216
info@europarc-deutschland.de
www.europarc-deutschland.de

GESAMTAUSSTATTUNG
Klartext Verlag, Essen

IDEE
Volker Pecher, Essen / Bernd Schock, Berlin

REDAKTIONSLEITUNG
Achim Nöllenheidt, Juliane Jung

REDAKTION
Martina Porzelt, Jörg Liesen und Ulrich Köster
Naturparke und Biosphärengebiet
in Baden-Württemberg

GESTALTUNG
Volker Pecher, Essen

KARTEN
Rene Fikenscher, Bochum

SATZ
Cristian Poccia, Matthias Schröter

Alle Angaben: Stand März 2011.
Alle Angaben in diesem Buch sind gewissenhaft geprüft. Preise, Öffnungszeiten usw. können sich aber schnell ändern.
Für eventuelle Fehler übernehmen der Herausgeber, die Autoren und der Verlag keine Haftung.

1. Auflage, Juni 2011

www.klartext-verlag.de

Inhalt

Vorwort

Dr. Michael Arndt

Guido Puhlmann

Nationale Naturlandschaften in Baden-Württemberg

Mit diesem Buch laden wir Sie dazu ein, die sieben Naturparke und ein Biosphärenreservat in Baden-Württemberg zu entdecken. Diese herausragenden Naturlandschaften in Baden-Württemberg zählen zu den bundesweit 14 Nationalparks, 103 Naturparken und 16 Biosphärenreservaten in Deutschland.

Sie schützen die in Jahrhunderten durch Menschen gestalteten Landschaften in Deutschland genauso wie wiedergewonnene Wildnis für heutige und kommende Generationen. Sie informieren über Natur und Kultur und bieten attraktive Angebote für Naturerleben, Erholung und Bildung. Gemeinsam mit den dort lebenden Menschen arbeiten sie für die Weiterentwicklung der Regionen.

Mit der Buchreihe „Natur erleben" stellen wir Ihnen erstmals alle Nationalen Naturlandschaften in einer Buchreihe vor, gegliedert nach einzelnen Bundesländern. Wir führen sie zu den schönsten Orten und Ausflugszielen und informieren Sie über Tiere und Pflanzen sowie über Geschichte und Kultur. Routenvorschläge für Wanderungen, Fahrrad-, Kanu- und Inlinetouren weisen Ihnen den Weg und ermöglichen ein aktives Naturerleben sowie die Regeneration von Körper und Geist. Zu den Besonderheiten der Regionen, die es zu entdecken gilt, zählen auch regionaltypische Produkte und gastronomische Angebote. Zudem finden Sie Informationen zu unterschiedlichen Übernachtungsmöglichkeiten, die von unseren Partnern Deutscher Wanderverband, Deutsches Jugendherbergswerk, Naturfreunde, Ecocamping, Viabono und Deutscher Landschriftenverlag zur Verfügung gestellt wurden.

Wir wünschen Ihnen viele erlebnisreiche und erholsame Tage in den Nationalen Naturlandschaften in Baden-Württemberg.

Dr. Michael Arndt
Präsident
Verband Deutscher Naturparke

Guido Puhlmann
Vorsitzender
EUROPARC Deutschland

Grußwort

Hubert Weinzierl und Dr.-Ing. E. h. Fritz Brickwedde (v. l. n. r.)

Deutsche Bundesstiftung Umwelt (DBU)

Nationalparke, Biosphärenreservate und Naturparke: Unsere Naturlandschaften gehören zur Identität der Deutschen. Eifel und Sächsische Schweiz, Siebengebirge und Schwarzwald stellen ebenso wichtige Zeichen unseres nationalen Gedächtnisses dar wie das Ulmer Münster oder das Schloss der Hohenzollern.

Wenn wir wissen wollen, wer wir sind, wo wir herkommen und was unsere Zukunft ist, sollten wir Bach und Beethoven hören, Schiller und Heine lesen, Caspar David Friedrich und Franz Marc betrachten, das Freiburger Münster oder die Klosterinsel Reichenau besuchen und hinausgehen in unsere Naturlandschaften. Ihre Vielfalt ist großartig und betört unsere Sinne. Die Naturlandschaften bieten uns Erholung von Alltag und Stress, stärken Seele, Geist und Körper, schaffen die Vielfalt des Lebens und sichern damit auch unsere Zukunft.

Wir hoffen, dass es gelingt, auch viele Kinder und Jugendliche aus der Entfremdung eines virtuellen Lebens wieder an das authentische Naturerleben heranzuführen.

Die Deutsche Bundesstiftung Umwelt (DBU) fördert innovative und modellhafte Projekte aus Umweltforschung und -technik, Naturschutz und Umweltbildung. Allein in Baden-Württemberg sind es 830 Projekte, die wir mit rund 115 Mio. € unterstützt haben (www.dbu.de). Dazu gehören auch Projekte, die sich der Umweltbildung und dem Schutz der Natur widmen wie die Errichtung eines Zentrums für den Umweltschutz an der Handwerkskammer Freiburg oder die modellhafte Entwicklung von Pilotprojekten zur nachhaltigen Regionalentwicklung im oberschwäbischen Hügelland.

Viel Freude in den Naturlandschaften Baden-Württembergs!

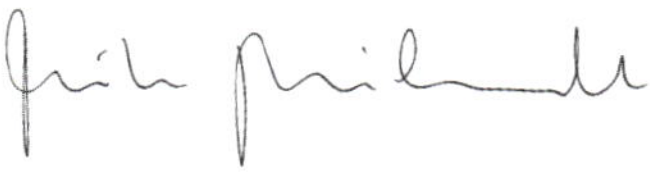

Dr.-Ing. E. h. Fritz Brickwedde
Generalsekretär der
Deutschen Bundesstiftung Umwelt

Hubert Weinzierl
Vorsitzender des Kuratoriums der
Deutschen Bundesstiftung Umwelt

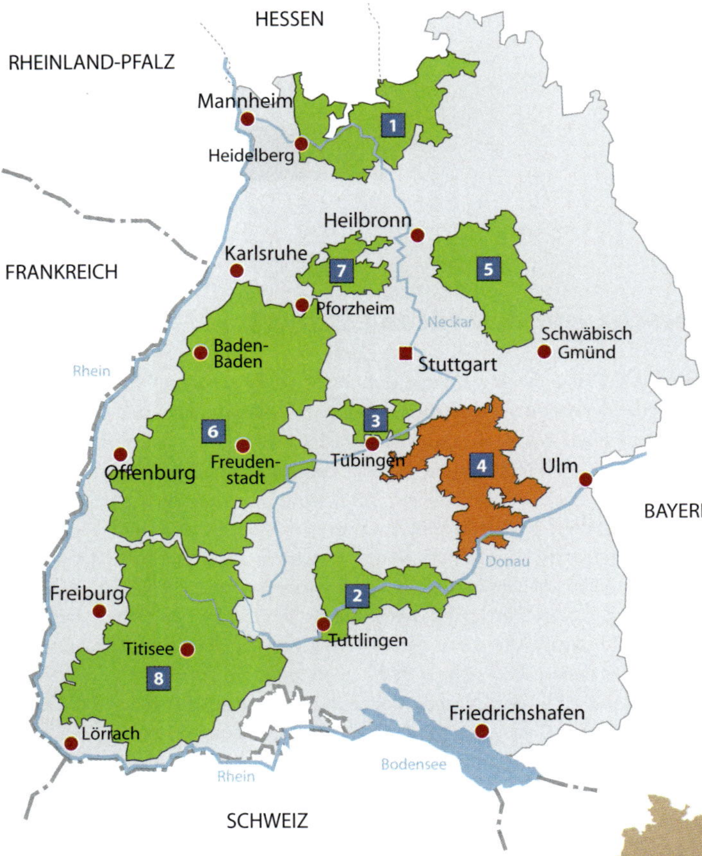

Lage in Deutschland

Die Nationalen Naturlandschaften in Baden-Württemberg

1. Naturpark Neckartal-Odenwald
2. Naturpark Obere Donau
3. Naturpark Schönbuch
4. Biosphärengebiet Schwäbische Alb
5. Naturpark Schwäbisch-Fränkischer Wald
6. Naturpark Schwarzwald Mitte/Nord
7. Naturpark Stromberg-Heuchelberg
8. Naturpark Südschwarzwald

Naturlandschaften in Deutschland

Zu den Nationalen Naturlandschaften in Deutschland gehören:

103 Naturparke. Die Naturparke sind landschaftlich reizvolle und naturnahe Kulturlandschaften, die sich besonders für die Erholung und das Naturerleben eignen. Ziele sind darüber hinaus eine dauerhaft umweltgerechte Landnutzung sowie der Schutz von Natur und Landschaft. Naturparke streben eine nachhaltige Entwicklung der Regionen mit den Menschen und für die Menschen an. Umweltbildung ist eine weitere wichtige Aufgabe.

16 Biosphärenreservate. Biosphärenreservate sind großräumige Schutzgebiete, die aus repräsentativen Ausschnitten von Natur- und Kulturlandschaften bestehen. In ihnen werden – gemeinsam mit den hier lebenden und wirtschaftenden Menschen – beispielhafte Konzepte zu Schutz, Pflege und Entwicklung des Gebietes erarbeitet und umgesetzt. Die deutschen Biosphärenreservate sind Teil eines weltweiten Netzes von mehr als 550 Gebieten, für die von der UNESCO internationale Kriterien im Rahmen des Programms „Der Mensch und die Biosphäre" (MAB) erarbeitet wurden.

14 Nationalparks. Die Nationalparks umfassen großflächige ursprüngliche Naturlandschaften, in denen sich die Ökosysteme entsprechend den natürlichen Prozessen entwickeln können, getreu dem Motto „Natur Natur sein lassen".

Naturverträglicher Tourismus und Umweltbildung sind allen Nationalen Naturlandschaften gemeinsame zentrale Aufgaben.

Verband Deutscher Naturparke und EUROPARC Deutschland sind die Dachverbände der Großschutzgebiete in Deutschland, in denen die Fachleute zusammenarbeiten, ihre Positionen abstimmen und gemeinsam Projekte durchführen.

Mehr Informationen erhalten Sie bei:

Verband Deutscher Naturparke e. V.
Platz der Vereinten Nationen 9
53113 Bonn
Tel. 0228 / 9212860
Fax 0228 / 9212869
info@naturparke.de
www.naturparke.de

EUROPARC Deutschland e. V.
Friedrichstr. 60
10117 Berlin
Tel. 030 / 28878820
Fax 030 / 288788216
info@europarc-deutschland.de
www.europarc-deutschland.de
www.nationale-naturlandschaften.de

Die Kooperationspartner der Buchreihe

Übernachtungsangebote von Betrieben der Kooperationspartner finden Sie im Übernachtungsverzeichnis ab Seite 236

DEUTSCHER WANDERVERBAND – der Dachverband der deutschen Gebirgs- und Wandervereine

Wandern ist gemeinsam am schönsten. In einem Wanderverein können Sie, ob bei einem geselligen Abend, auf einer Tagestour oder in einem Wanderurlaub, Freunde fürs Leben finden. In ganz Deutschland sind 57 Wandervereine mit mehr als 3.000 Ortsvereinen aktiv. Sie haben ein attraktives, vielfältiges Angebot für mehr als 600.000 Mitglieder. Jährlich nehmen mehr als zwei Millionen Wanderfreunde an den geführten Touren unserer Mitgliedsvereine teil.

Die deutschen Gebirgs- und Wandervereine betreuen und pflegen mehr als 200.000 km Wanderwege von der Ostsee bis zum Schwarzwald. Über 20.000 ehrenamtliche Wegewarte sind jährlich unterwegs, um diese Wege zu markieren und auszuschildern.

Der Deutsche Wanderverband sorgt für Qualität beim Wandern. Wir geben unter anderem Richtlinien zur Markierung von Wanderwegen heraus, bieten Fachtagungen an und bilden Wanderführer sowie Gesundheitswanderführer aus. Mit den Prädikaten Qualitätsweg und Qualitätsgastgeber Wanderbares Deutschland fördern wir bundesweit die Qualität im Wandertourismus.

Wir sagen Ihnen, wo Sie den nächsten Wanderverein in Ihrer Nähe finden, bieten einen Karten- und Bücherservice, stellen unter www.wanderbares-deutschland.de die attraktivsten Wanderrouten, -regionen und Gastgeber ins Internet, veröffentlichen das Magazin „Ferienwandern" mit dem deutschlandweit größten Angebot an mehrtägig geführten Wandertouren und helfen Ihnen gerne weiter, wenn es ums Wandern geht!

Informationen
Deutscher Wanderverband
Wilhelmshöher Allee 157–159
34121 Kassel
Tel. 0561 / 938730
Fax 0561 / 9387310
info@wanderverband.de
www.wanderverband.de
www.wanderbares-deutschland.de

Deutscher Wanderverband

Qualitätsgastgeber Wanderbares Deutschland

VIABONO

VIABONO (zu deutsch: „der Weg zum Guten") ist eine Vermarktungskooperation für umwelt- und qualitätsorientierte Reiseangebote – eine der größten und leistungsstärksten im Deutschlandtourismus. Viabono wurde 2001 auf Initiative des Bundes-umweltministeriums und des Umweltbundesamtes gegründet. Die VIABONO-Philosophie „Reisen natürlich genießen" knüpft an den immer stärker werdenden Trend zum verantwortungsbewussten Tourismus an.

Unter der Dachmarke VIABONO versammeln sich Hotels, Ferienwohnungen, Tagungshäuser, Campingplätze, Jugendunterkünfte, Restaurants, Pauschal- und Kanuanbieter sowie Naturparke und Tourismus-Kommunen, die natürlichen Urlaubsgenuss in geprüfter Qualität garantieren. In den Kreis der VIABONO-Lizenznehmer wird nur aufgenommen, wer nachhaltig wirtschaftet.

Schlafen, Wasser, Essen, Energie, Wellness und Tagung: In all diesen Bereichen sorgen VIABONO-Gastgeber – oftmals unbemerkt – für einen effizienten Ressourceneinsatz. Gleichzeitig bieten sie einen umfassenden Service: Autofrei Reisende können zum Beispiel den Bahnhof-Abhol-Service nutzen und Wanderungen ohne Gepäck unternehmen.

Mehrere Hundert VIABONO-Mitglieder setzen die Idee des nachhaltigen Reisens bereits engagiert in die Tat um – die meisten davon Familienunternehmen.

Die Vermarktung der VIABONO-Partner erfolgt insbesondere über das Internetportal
www.viabono.de

Viabono®

NATURFREUNDE DEUTSCHLANDS –
Erholung und Bildung in der Natur

Die NaturFreunde sind ein internationaler Verband für Umweltschutz, sanften Tourismus, Sport und Kultur und führen schon seit über hundert Jahren Menschen in die Natur, in der sie sich erholen und weiterbilden, um danach besser an der Gesellschaft teilhaben und diese auch mitgestalten zu können.

Die mehr als 400 Naturfreundehäuser in Deutschland werden oft ehrenamtlich von einer Ortsgruppe betrieben und sind preiswerte Stätten der Begegnung: offen für alle, Mitglieder erhalten Ermäßigungen. Naturfreundehäuser stehen meist mitten in der Natur und es gibt sie in allen Kategorien: von der einfachen Selbstversorgerhütte bis zum hotelähnlichen Komplex, von der Ostsee bis ins Allgäu, vom Bootshaus bis zum Familienferienheim mit Kletterwand. Im Naturfreundehaus werden Sie von NaturFreunden herzlich empfangen und mit guten Tipps zum Entdecken der lokalen Natur versorgt.

Gerne können Sie sich auch an der NaturFreunde-Arbeit beteiligen: etwa in Projekten zum Natur- und Klimaschutz, beim ehrenamtlichen Hütteneinsatz, der Organisation einer Familienfreizeit oder vielleicht der Ausbildung zur Skilehrerin oder zum Bergführer. NaturFreunde bewegen – und freuen sich auf Sie.

Informationen
NaturFreunde Deutschlands e.V.
Warschauer Str. 58a
10243 Berlin
Tel. 030 / 29773260
Fax 030 / 29773280
info@naturfreunde.de
www.naturfreunde.de
www.naturfreundehaus.de

NaturFreunde DEUTSCHLANDS

DEUTSCHES JUGENDHERBERGSWERK –
Für die Umwelt aktiv

Wann immer es ging, verlegte der Lehrer Richard Schirrmann seinen Unterricht nach draußen. Zu Beginn des vorigen Jahrhunderts betrat er Neuland, indem er seine „wandernde Schule“ in der Natur praktizierte. Um unterwegs mit den Schulklassen zu übernachten, ersann er die Idee der Jugendherberge.

Mehr als 100 Jahre später ist die Erlebnispädagogik längst anerkannt, und die Jugendherbergen sind weltweit erfolgreich als moderne, multifunktionale Begegnungsstätten. In Deutschland stehen an allen touristisch interessanten Orten insgesamt 540 Häuser des Deutschen Jugendherbergswerkes (DJH) zur Auswahl.

Man kann in Jugendherbergen Urlaub machen, sportlich aktiv sein oder sich fortbilden. Zahlreiche Häuser bieten ein ökologisches Lernumfeld. Umweltpädagogen vermitteln erlebnisbetonte Erfahrungen, leiten Naturschutzarbeiten an und stellen umweltverträgliche Freizeitaktivitäten vor. Viele Jugendherbergen erfüllen Qualitätskriterien für ökologische Bewirtschaftung.

Zunehmend schätzen auch Familien die zwanglose und kinderfreundliche Atmosphäre sowie die günstigen Preise. Jährlich bringen es die 2,1 Millionen DJH-Mitglieder auf rund zehn Millionen Übernachtungen.

Informationen
Die Jugendherbergen
DJH Service GmbH
Bismarckstraße 8
32756 Detmold
Tel. 05231 / 74010
Fax 05231 / 740149
service@djh.de
www.jugendherberge.de

ECOCAMPING e.V.

Erholsames Campen und gesunde Natur sind untrennbar miteinander verbunden. Campingplätze sollen sich zu zukunftsorientierten, erfolgreichen, qualitäts- und umweltbewussten Anlagen entwickeln. ECOCAMPING hat dafür ein maßgeschneidertes Konzept für Campingunternehmen entwickelt: individuelle Beratungen und Workshops vermitteln das nötige Know-how für nachhaltige Entwicklung. Die erfolgreichen Teilnehmer erhalten die Auszeichnung ECOCAMPING, die inzwischen bekannteste Umweltauszeichnung für Campingplätze in Europa.

Der Verein ECOCAMPING arbeitet mit über 250 Campingplätzen zusammen – von klein bis groß, von einfach bis luxuriös. Doch es gibt einen gemeinsamen Nenner: Jeder Platz entwickelt ein individuelles Umwelt- und Qualitätsmanagement. Die Campingplätze können dadurch die Umwelt entlasten und gleichzeitig Kosten senken. Das beginnt bei der Abfalltrennung und hört bei der Energieeffizienz noch längst nicht auf. Werden die Ressourcen geschont, ist das auch ein Beitrag zum Klimaschutz. Gut für die Umwelt, aber genauso gut für die Gäste. Denn niedrigere Betriebskosten helfen Übernachtungspreise auf Dauer stabil zu halten. Außerdem ermöglicht das Investitionen in neue Angebote – beispielsweise eine naturnah gestaltete Anlage und Freizeitangebote in und mit der Natur.

Ökologisches Handeln hat hier nichts mit Verzicht auf Lebensqualität zu tun sondern ganz im Gegenteil: mit verbesserter Urlaubsqualität.

Alle Campingplätze mit ECOCAMPING finden Sie unter www.ecocamping.net

Informationen
ECOCAMPING e. V.
Blarerstraße 56
78462 Konstanz
Tel. 07531 / 282570
Fax 07531 / 2825729
info@ecocamping.net
www.ecocamping.net

DER DEUTSCHE LANDSCHRIFTENVERLAG

Der Deutsche Landschriftenverlag mit Sitz in Bonn ist seit mehr als 40 Jahren der führende Fachverlag für die Themen Agrartourismus und Direktvermarktung. Als Herausgeber des Fachblattes „Hof Direkt", der Fachzeitschrift für landwirtschaftliche Direktvermarkter in Deutschland und Österreich, hat sich der Verlag einen festen Platz in diesem Segment gesichert. Daneben erscheinen die Reiseführer: „Raus aufs Land – Urlaub auf dem Bauernhof", „Lust aufs Land – Exklusive Ferienhöfe", „Rauf auf die Berge" und „Landurlaub in Italien". Sporadisch verlegt werden Sonderausgaben wie „Landurlaub in Österreich" oder „Urlaub mit dem Haustier".

Informationen
Die Zentrale für den Landurlaub ist der Ansprechpartner für die Vermarktung von Ferien auf dem Bauernhof und Landurlaub. Von hier aus wird das umfangreichste Online-Angebot unter www.bauernhofurlaub.com sowie www.landurlaub-deutschland.com in Deutsch, Englisch und Niederländisch für Bauernhofurlaub und ländlichen Tourismus betrieben.

Zentrale für den Landurlaub
Deutscher Landschriftenverlag GmbH

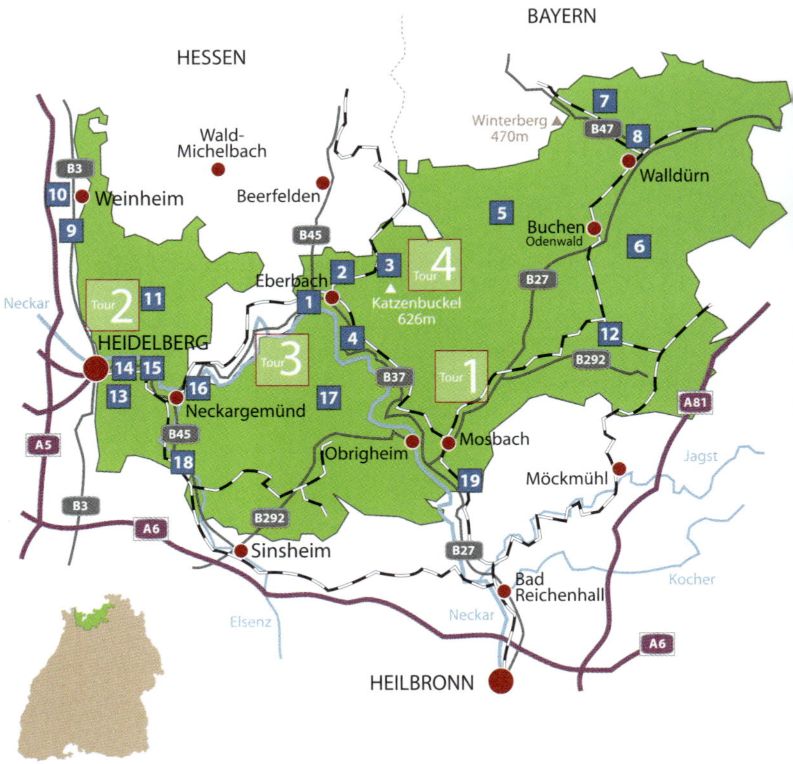

Lage in Baden-Württemberg

Erlebnistouren

Tour 1: Fahrrad – Die Drei-Täler-Tour (TOP-TOUR)
Tour 2: Wandern – Der Königstuhl bei Heidelberg
Tour 3: Per Schiff oder Kanadier – Der Neckar
Tour 4: Wandern – Der Katzenbuckel

Sehenswürdigkeiten

1. Naturpark-Zentrum in Eberbach
2. Stadtwald von Eberbach mit Rekord-Douglasie
3. Katzenbuckel
4. Schloss Zwingenberg
5. Limes-Lehrpfad Mudau-Schlossau
6. Eberstädter Tropfsteinhöhle
7. Freilandmuseum Walldürn-Gottersdorf
8. Wallfahrtskirche Walldürn
9. Exotenwald bei Weinheim
10. Miramar Freizeitzentrum in Weinheim
11. Teltschik-Turm bei Wilhelmsfeld
12. Osterburken am UNESCO-Weltkulturerbe Obergermanisch-Raetischer Limes
13. Königstuhl
14. Heidelberger Schloss
15. Benediktiner-Kloster Stift Neuburg
16. Burgfeste Dilsberg in Neckargemünd
17. Wildpark Schwarzach
18. Homo-heidelbergensis-Museum in Mauer
19. Burg Hornberg bei Neckarzimmern

Naturpark Neckartal-Odenwald

Irgendetwas Besonderes muss diese Region haben – denn offenbar übt sie schon seit jeher eine Anziehungskraft auf den Menschen aus: In Mauer, einem Dorf etwas südlich von Neckargemünd, fand der aufmerksame Sandgräber Daniel Hartmann am 21. Oktober 1907 einen Unterkiefer – den zugehörigen Menschen taufte der im nahen Heidelberg lehrende Privatdozent Otto Schoetensack auf den Namen „Homo heidelbergensis". Sodann stellte die Wissenschaft fest, dass sich jener Alt-Heidelberger vor etwa einer halben bis einer Viertelmillion Jahren seines Daseins erfreute – mithin ist er der älteste aller mitteleuropäischen Menschen.

Freilich hat sich das Antlitz des Neckartales seit den Zeiten des Homo heidelbergensis ein wenig verändert. So hatte jener noch aufregende Konfrontationen mit Säbelzahntigern, Steppen-Nashörnern und Waldelefanten zu bestehen; heute hingegen kann der Naturfreund sich mit etwas Glück über friedliche Begegnungen mit Rot-, Reh- und Schwarzwild freuen, daneben bietet der Naturpark einen Lebensraum für mittlerweile seltene Tiere wie Wanderfalke, Baumfalke, Uhu, Kolkrabe, Äskulapnatter, Raufußkauz, Sperlingskauz, Eisvogel, Wasseramsel, Rotmilan, Bechsteinfledermaus, Hirschkäfer und Schillerfalter. Es lässt sich leben im Naturpark – davon legt diese reiche Fauna ein eindrucksvolles Zeugnis ab. Wer seine Kenntnisse betreffs dieser Wald- und Wiesentiere lustvoll erweitern möchte, findet übrigens eine Vielzahl von Naturlehrpfaden vor – nahezu jedes Dorf unterhält einen.

Deutschland wird Italien

Der 1980 gegründete Naturpark Neckartal-Odenwald bringt es auf rund 130.000 Hektar Fläche. Er liegt im Norden Badens, nordwestlich grenzt er an Hessen, nordöstlich an Bayern. Im Westen nimmt das Areal des Parks seinen Anfang bei den ob ihrer Schönheit vielgerühmten Städten Weinheim und Heidelberg – dort, an der Bergstraße, geht die Rheinebene in die Höhen des Odenwalds über. Ein zauberhaftes Stück Natur: „Hier fängt Deutschland an, Italien zu werden!" – dieser begeisterte Ausspruch wird Kaiser Joseph II. zugeschrieben, und gänzlich Unrecht hatte der Habsburger mit seinem Bonmot nicht: Nirgendwo anders in Deutschland blühen die Pfirsich- und Mandelbäume früher als an der Bergstraße, wo man freilich auch einen hervorragenden Wein einbringt.

Auch östlich jener Bergstraße sind der landschaftlichen Schönheiten viele – zunächst das Neckartal; hier hat sich der vielbesungene Fluss besonders tief in den Sandstein gegraben. Seine weiten Schleifen mit ihren schroffen Prall- und sanften Gleithängen, gesäumt von üppigen Waldungen und mächtigen Burgen, schaffen ein aufregend-schönes Landschaftsbild.

Streuobstwiese

Ein weiterer Höhepunkt des Naturparks ist – im wahrsten Sinne des Wortes – der Katzenbuckel, mit 626 Metern die höchste Erhebung des Odenwaldes. Und, geologisch betrachtet, eine Besonderheit ersten Ranges: Wenn Sie vom Aussichtsturm Ihre Blicke in die Weite schweifen lassen, stehen Sie – auf einem Vulkan. Welcher seine Tätigkeit freilich seit 60 Millionen Jahren eingestellt hat.

Der Charme dieser Landschaft liegt in ihrer Vielfalt begründet: Der Naturpark Neckartal-Odenwald bietet Ihnen mächtige Waldgebiete, etwa im Buntsandstein-Odenwald, wo die Kargheit der Böden die Rodung nicht lohnte. Doch nicht weit davon finden sich schon Felder, Wiesen, Weiden und Weinberge. Die Muschelkalk-Hochfläche des östlich gelegenen Baulands etwa gestattete eine Besiedlung, die althergebrachte Frömmigkeit seiner Bewohner brachte ihm den Namen „Madonnenländchen“ ein.

Südlich schließt der Naturpark mit dem Kraichgau ab – eine sanft geschwungene Hügellandschaft mit fruchtbaren Lössböden und alter Besiedlung.

Tief herab und hoch hinaus: Tropfsteinhöhle und Riesenbaum

All diese Natur- und Kulturlandschaften lassen sich wunderbar erwandern – ein Wegenetz von rund 3.500 Kilometer Länge gewährt geradezu grenzenlose Möglichkeiten, dem Zauber der Region näher zu treten. Ein Zauber, der dem Typischen der Landschaft ebenso innewohnt wie dem Außergewöhnlichen. Zu Letzterem darf man etwa die Eberstädter Tropfsteinhöhle zählen, unweit von Buchen gelegen – die Schönheit des Naturparks setzt sich hier auch unterirdisch fort: Eine Wunderwelt aus Stalagmiten und Stalaktiten erwartet den Besucher, man staunt, zu welch verwegenen Farb- und Formbildungen die Natur im Stande ist. Gleichfalls außergewöhnlich ist der Exotenwald bei

Teltschik-Turm
Wer sich die Welt gerne von oben anschaut, sollte neben dem Katzenbuckel noch den 38 Meter hohen Teltschik-Turm bei Wilhelmsfeld auf die Besuchsliste setzen – auch hier bietet sich ein zauberhaftes Panorama des Odenwaldes und der Rheinebene.

Grünkern
Da im Bauland der Dinkel, eine alte Weizenart, öfters den feuchtkalten Sommern zum Opfer fiel, beschloss man kurzerhand, ihn vor der Zeit zu ernten. Anschließend wurde er über Buchenfeuer geröstet – der so entstehende Grünkern erfreut sich seither einer ungebrochenen Beliebtheit. Alljährlich feiert man die Grünkernwochen.
Informationen
www.gruenkernwochen.de

Die 62,5 Meter hohe Douglasie >

Weinheim: Hier hat der Freiherr Christian von Berckheim um die Mitte des 19. Jahrhunderts Bäume angepflanzt, die er von einer Kalifornien-Reise mitgebracht hatte – so kann der Besucher heutzutage eine Vielzahl fremder Arten, etwa die mächtigen Mammut-Bäume bestaunen. Im Stadtwald von Eberbach schließlich genießt man das Vergnügen, unter einem der größten Bäume Deutschlands zu stehen: Die dasige Douglasie bringt es auf satte sechzig Meter.

Charakteristisch für die Region sind die Hainsimsen-Buchenwälder, die bachbegleitenden Erlen-Galerie-Wälder und die Glatthaferwiesen. Zu den Seltenheiten, an denen man sich im Naturpark erfreuen kann, gehören Türkenbundlilie, Waldhyazinthe, Schwarze Flockenblume, Hummel- und Bienen-Ragwurz.

Mitunter findet man Gegenden, in denen sich die Natur zur Gänze selbst überlassen bleibt: Der Bannwald ist, nach baden-württembergischem Recht (und nur nach diesem), ein Totalreservat, das der Mensch auf keine Weise nutzen darf; solche Bannwälder befinden sich in Eberbach („Kleiner Imberg"), in Schönbrunn („Sautrieb" und „Schnapsried"), in Neckargemünd („Hollmuth") und in Heiligkreuzsteinach („Waldecker Schlosswald"). Neunkirchen hat einen Urwaldpfad; Zwingenberg lockt mit seiner wildromantischen Wolfsschlucht.

Eberstadter Tropfsteinhöhle

Römerwall, Minnesang und ein viel zitierter Ritter

Und hier zeigt sich, dass diese wunderschöne Naturlandschaft auch eine exquisite Kulturgeschichte aufweist: Eben jene Wolfsschlucht soll Carl Maria von Weber und seinen Librettisten Johann Friedrich Kind zu deren Oper „Der Freischütz" inspiriert haben. Mag diese Zuordnung auch etwas fragwürdig sein (immerhin spielt die Oper in Böhmen), so bietet der Naturpark Neckartal-Odenwald dennoch ein imposantes Quantum historischer Stätten.

Chronologisch beginnt der Reigen mit jener Sandgrube, aus welcher der Kiefer des Heidelbergmenschen geborgen wurde; das urgeschichtliche Museum in Mauer präsentiert eine kleine, aber sehr hübsche Ausstellung zum Thema.

Später, in historischer Zeit, war das Gebiet des heutigen Naturparks Grenzland: Hier schied sich das römisch besetzte vom freien Germanien; die Cäsaren ließen eine Befestigungslinie anlegen, um Überfälle zu vermeiden – den Limes. Was nur wenige wissen: Der Naturpark Neckartal-Odenwald wird von zwei Limes-Anlagen durchzogen, welche von Norden nach Süden verlaufen – dem Odenwald-Limes (westlicher gelegen) und dem Obergermanisch-Raetischen Limes. Letzterer wurde im Jahr 2005 zum UNESCO Weltkulturerbe ernannt.

Wolfsschlucht und Unterkiefer des Heidelbergmenschen

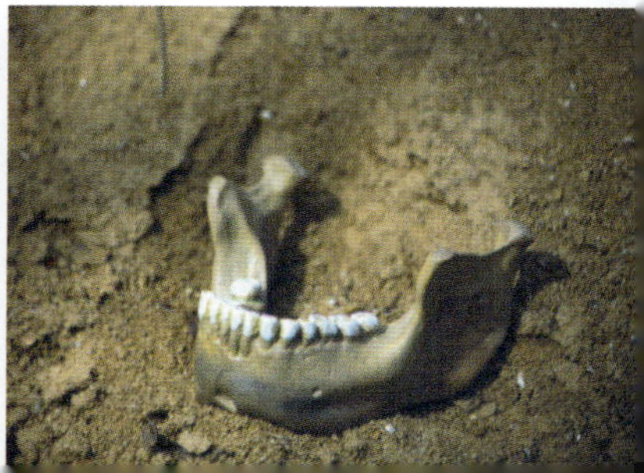

Im ehemaligen Rathaus von Neckarburken ist heute ein kleines Museum zum Odenwald-Limes untergebracht; im Ort finden sich noch die Reste eines Kastell-Tores, zweier Bäder und eines Kalkofens. Überbleibsel eines steinernen Kastells hat auch Limbach zu bieten; in Mudau-Schlossau schließlich lockt ein Limes-Lehrpfad mit Überresten von Wachtürmen.

Im Römermuseum in Osterburken kann man viel über den Obergermanisch-Raetischen Limes erfahren. Sehenswert ist auch der Limes-Lehrpfad Walldürn; hier ist der Limes sogar teilweise noch sichtbar.

Doch auch die Monumente der etwas jüngeren Zeit können zu Höhepunkten einer jeden Reise werden – die Region hat beeindruckende Schlösser und Burgen im Angebot: Das Schloss Zwingenberg z. B. ist nicht nur während der Schlossfestspiele ein lohnendes Ausflugsziel; Neckarzimmern baut bekanntermaßen köstlichen Wein an, erfreut seine zahlreichen Gäste jedoch daneben auch noch mit einer mächtigen Burg – welche einst einem Reichsritter mit dem Namen Götz von Berlichingen gehörte.

Auch an Museen herrscht kein Mangel; in Walldürn-Gottersdorf z. B. ist die Vergangenheit des ländlichen Lebens rekonstruiert – ein Freilandmuseum zeigt, wie die Menschen hier einst lebten, arbeiteten und wohnten.

Schloss Zwingenberg und Freilandmuseum Gottersdorf

Burg Hornberg über Neckarzimmern

Überaus anziehend: Geistliche und weltliche Wallfahrten

Überhaupt ist Walldürn ein schönes Beispiel dafür, wie auch kleine Städte im Naturpark mit großen Sehenswürdigkeiten aufwarten: Überragt wird das Städtchen von den zwei Türmen seiner barocken Basilika – man rühmt sich, mit jährlich mehr als 150.000 Pilgern die drittgrößte Wallfahrtsstätte Deutschlands zu sein. Und mehr der Rekorde: Das Rathaus Walldürns, inmitten der sehenswerten Altstadt gelegen, ist das älteste noch heute genutzte, das Deutschland zu bieten hat.

So liegen hier, eingebettet in eine reizvolle Natur, viele Städte, deren Besichtigung zu den Höhepunkten eines jeden Aufenthaltes im Naturpark zählt: Beim Flanieren durch Neckargemünd genießt man den Zauber einer tausendjährigen Geschichte; das Fachwerkstädtchen Buchen bietet den aparten Glanz alten Handelsreichtums, das uralte Mosbach ist stolz auf die Vielzahl seiner alten Handwerker-Häuser.

Nicht zu vergessen das Städte-Doppel, welches den Naturpark nach Westen begrenzt. Zunächst Heidelberg – diese Stadt ist doch viel zu schön, um sie allein den staunenden Touristen aus Amerika und Fernost zu überlassen. Und etwas nördlich liegt Weinheim, dessen Schönheiten vielleicht nicht ganz so spektakulär sind – dafür lassen sie sich in etwas ruhigerer Atmosphäre genießen.

Walldürner Wallfahrt
Das Wunder von Walldürn ereignete sich im Jahre 1330: Ein unachtsamer Priester vergoss einen Kelch von Messwein auf dem Altartuch. Hastig versteckte er das Leinen – zeigte sich auf ihm doch das Bild des Gekreuzigten, umgeben von elf dorngekrönten Häuptern des Heilands. Erst auf dem Sterbebett lüftete der Priester das Geheimnis – der Beginn der Walldürner Wallfahrt.

< *Römerbad Walldürn*

INFORMATIONEN

Naturpark Neckartal-Odenwald
Naturpark-Zentrum
Kellereistraße 36
69412 Eberbach
Tel. 06271 / 72985
Fax 06271 / 942274
info@naturpark-neckartal-odenwald.de
www.naturpark-neckartal-odenwald.de

Das Thalheim'sche Haus in der Kellereistraße, ältestes Steinhaus der Stadt Eberbach, hat schon so manches gesehen: Einst war es der Sitz des Kurpfälzischen Amtskellers, dann ein fürstliches Jagd-Palais, später ein Rathaus – heute schließlich beherbergt der stattliche Bau das Naturpark-Zentrum. Ein Besuch der zehn Räume im ersten und zweiten Obergeschoss lohnt sich allemal, erfährt man hier doch allerlei Spannendes über die Natur- und Siedlungsgeschichte des Naturparks. Und dieses durchaus spielerisch: So gilt es etwa, am Beispiel des Lebensraumes Streuobstwiese über 50 Tierarten zu erkennen. Auch sonst eröffnen sich neue Perspektiven auf die Natur: Zum Beispiel bringt ein Baum, stellvertretend für alle anderen, dem Besucher die Wichtigkeit des Waldes nahe. Für noch tiefere Einblicke in die geheimnisvolle Schönheit des Lebens bietet sich das Stereo-Mikroskop an; daneben steht schließlich noch eine Multivisions-Show auf dem Programm.
Öffnungszeiten
Dienstag bis Donnerstag 14 Uhr bis 16.30 Uhr, ansonsten nach Absprache

Thalheim'sches Haus in Eberbach

LITERATUR

Türk, Rainer: Wanderungen zwischen Bergstrasse und Neckar. Ausgesuchte Wanderungen im Naturpark Neckartal-Odenwald sowie im Geo-Naturpark Bergstraße-Odenwald.
Lorsch, Brunnengräber, 2004.
144 S. ISBN 3-9808202-3-8
Ein reich bebilderter, informativer Wanderführer mit vielen Ausschnittskarten

Türk, Rainer: Wanderungen im Vorderen Odenwald. Ausgesuchte Wanderungen an der Bergstraße zwischen Darmstadt und Heppenheim.
Lorsch, Brunnengräber 2003.
144 S. ISBN 3-9808202-2-X.

Keller, Dieter; Uwe Keller, Rainer Türk: Der Odenwald zwischen Himmel und Erde. Verlag Regionalkultur 2003.
80 S. ISBN 3-89735-187-0
Ein Bildband mit vielen sehr schönen Fotos – Luftbilder aus einem Ballon. Empfehlenswert, um einen Überblick des Landschafts-Aufbaus zu bekommen.

Klemp, Herwig: Odenwald und Bergstraße. Streifzüge durch einen Geopark. Hrsg. v. d. Stiftung Hessischer Naturschutz. 96 S. m. zahlreichen meist farbigen Fotos sowie Karten.
Fraund 2005. ISBN 3-921156-71-8

Bezirksstelle für Naturschutz und Landschaftspflege Karlsruhe (Hrg.): Die Naturschutzgebiete im Regierungsbezirk Karlsruhe. 654 S. mit 450 Farbfotos.
Thorbecke 2005. ISBN 3-7995-5172-7
Ein opulentes Buch: Wer sich eingehender für die Natur der Region interessiert, kommt hier voll auf seine Kosten, wobei sich das Buch nicht allein auf das Gebiet des Naturparks beschränkt.
Eine aktuelle Literaturliste und weitere Tipps sind auf der Homepage des Naturparks zu finden

KARTEN

Wer sich im Naturpark orientieren möchte, hat die Auswahl zwischen zwei Kartenwerken:

Topographische Freizeitkarten Baden-Württemberg, Maßstab 1:50.000
Blatt 513 Mannheim, Heidelberg (= Naturpark Neckartal-Odenwald Westblatt).
Offizielle Karte des Naturparks.
ISBN 3-89021-606-4
Blatt 514 Mosbach (= Naturpark Neckartal-Odenwald Ostblatt).
Offizielle Karte des Naturparks.
ISBN 3-89021-607-2

Größer (und auch die örtlichen Rundwege verzeichnend) sind die Topographischen Freizeitkarten 1:20:000, herausgegeben vom Naturpark Bergstraße-Odenwald in Zusammenarbeit mit dem Naturpark Neckartal-Odenwald.
Nr. 8, Bergstraße- Weschnitztal;
Nr. 12, Heidelberg – Neckartal-Odenwald
Nr. 13, Neckartal-Odenwald;
Nr. 17, Kleiner Odenwald – Kraichgau mit Brunnenregion;
Nr. 18, Südlicher Odenwald-Bauland
Nr. 19, Östlicher Odenwald-Madonnenländchen;
Nr. 20, Fränkischer Odenwald-Madonnenländchen.

INFORMATIONEN ZU UNTERKÜNFTEN UND TOUREN

Touristikgemeinschaft Odenwald e. V.
Scheffelstraße 1, 74821 Mosbach
Tel. 06261 / 84-1383
Fax 06261 / 84-4750
info@tg-odenwald.de
www.tg-odenwald.de

Informationen und Service für alle, die einen Besuch Heidelbergs planen:
Heidelberg Marketing GmbH
Ziegelhäuser Landstraße 3
69120 Heidelberg
Tel. 06221 / 1422-0
Fax 06221 / 1422-22
info@heidelberg-marketing.de
www.heidelberg-marketing.de

ERLEBNISTOUREN – RADWANDERN

TOP-TOUR

1. Die Drei-Täler Tour

Länge: variabel, die große Fahrradrunde Mosbach – Limbach – Neckargerach – Mosbach etwa 55 Kilometer
Höhendifferenz: Mosbach – Robern etwa 350 Meter
Schwierigkeitsgrad: einfach; je nach Länge
Einkehr: in den Städten und Dörfern entlang der Route

Diese Tour führt Sie durch drei lauschige Täler: das des Neckars, das der Elz sowie das Seebachtal. Am Wegesrand warten Sehenswürdigkeiten aller Art auf Sie. Da sowohl Elz- als auch Neckartal von S-Bahnen durchfahren werden, sind Sie völlig frei darin, sich eine persönliche Tour zusammenzustellen: Die eine Etappe in Wanderschuhen oder auf dem Fahrrad, die nächste auf Schienen, hier eine Besichtigung, dort eine nahrhafte Rast – mannigfaltige Möglichkeiten, sich in diesem herrlichen Stück Natur zu ergehen bzw. dessen Schönheiten zu erfahren.

Ein möglicher Ausgangspunkt ist Mosbach (1), hier treffen sich die S-Bahn-Linien des Elz- und des Neckartales.

Mosbach

Wobei man dem Charme des Städtchens durchaus derart erliegen kann, dass es einem schwer fällt, dieses anmutige Fachwerk-Ensemble zu verlassen. In jedem Falle sollte man, bevor es auf die Tour geht, einen kleinen Rundgang über den Markt, vorbei an der Stiftskirche und dem Schloss gemacht haben.

Von Mosbach aus kann man sich in nordöstlicher Richtung auf nach Neckarburken (S-Bahn-Station, Linie S1) machen. Nach rund 4,5 Kilometern ist das Dorf (2) erreicht, welches heute durch seine idyllische Ruhe bezaubert. Das jedoch war nicht immer so: In der römischen Kaiserzeit lag hier jede Menge Militär; Neckarburken hatte gleich zwei Limes-Kastelle – die Grenze zum freien Germanien war zuweilen alles andere als ruhig. Reste römischer Festungsbaufertigkeit sind am Ortsausgang in Richtung Dallau zu bewundern. Dieses anderthalb Kilometer entfernte Dorf ist gleichfalls ein Haltepunkt der Linie S1; sein Wahrzeichen ist ein Schloss (3), dessen Anfänge auf das Mittelalter zurückgehen. Von Dallau aus sind es, entlang der Elz, rund 3,5 Kilometer bis nach Auerbach (S-Bahn-Station, Linie S1); von dort aus gelangt man über Rittersbach nach Limbach. Auch hier weht ein Hauch alten Römertums durch die Stadt: Das Hönenhaus (4) beim Ortsteil Wagenschwend ist der Rest eines steinernen Kastells; unweit davon präsentiert ein Dorfmuseum seine Sammlung (geöffnet nach Vereinbarung, Tel. 06274 / 95002).

Von Limbach aus hält man sich westlich; hinter Krumbach hat man die Möglichkeit, auf der so genannten „Wanderbahn", einer ehemaligen Kleinbahntrasse, die zu einem sehr schönen und informativen Wanderweg umgestaltet wurde, über Lohrbach zurück nach Mosbach zu gelangen. Alternativ dazu kann man sich aber auch nach Neckargerach aufmachen; hier lockt in erster Linie die aufregende Margarethenschlucht (5). Auch Neckargerach bietet einen S-Bahn-Haltepunkt; die Linien S1 und S2 bringen Wanderer und Fahrradfahrer, so sie denn müde sind, zurück nach Mosbach. Den Bahnpassagieren entgeht freilich einer der schönsten Streckenabschnitte: Südlich von Neckargerach beschreibt der Fluss (und der Wanderweg mit ihm) eine weit gezogene Schleife rund um Binau (S-Bahn-Haltepunkt, Linie S1 und S2). So ist das Städtchen einerseits vom Fluss umschlungen, andererseits von waldbestandenen Hängen überragt – eine wahrhaft bezaubernde Lage (6). Sehenswert sind die Burgruine Dauchstein und das kleine Schloss. Sodann geht die Tour über Obrigheim zurück nach Mosbach.

Informationen

Touristikgemeinschaft Odenwald e.V.
Scheffelstraße 1
74821 Mosbach
Tel. 06261 / 841383
Fax 06261 / 844750
info@tg-odenwald.de
www.tg-odenwald.de

ERLEBNISTOUREN – WANDERN

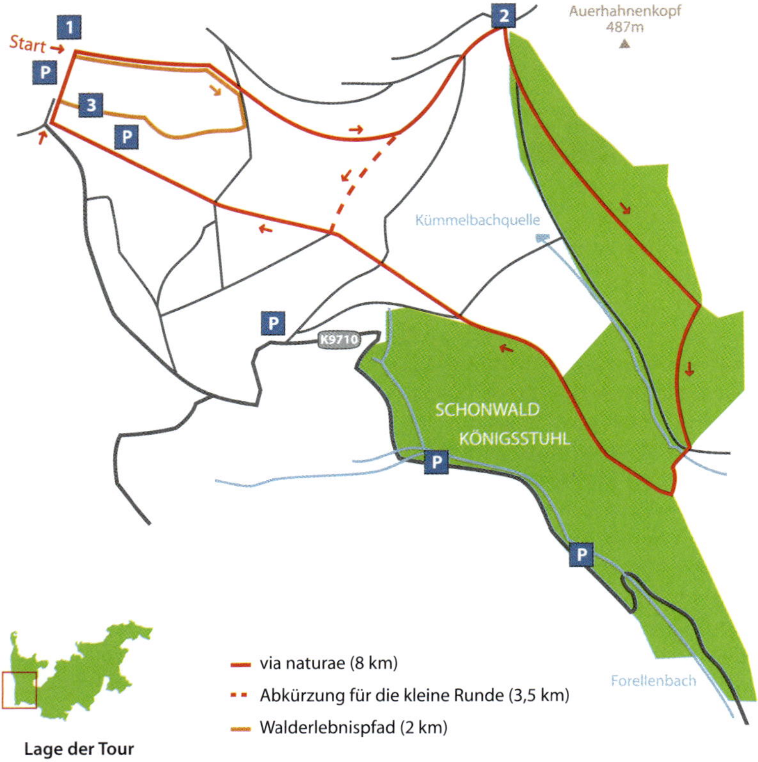

2. Der Königstuhl bei Heidelberg

Naturkundlicher Wanderweg,
Anfahrt mit alter Bergbahn
Länge: 2, 3, 5 oder 8 Kilometer
Höhendifferenz: 260 Meter (8-Kilometer-Runde); 40 Meter (3,5-Kilometer-Runde)
Schwierigkeitsgrad: einfach, Teilstrecken barrierefrei
Einkehr: unterwegs Hütten; an der Bergbahnstation Königstuhl Gaststätten und Märchenpark

Hier ist, sofern Sie aus der Stadt kommen, schon die Anfahrt ein echtes Erlebnis: Per Bergbahn geht es von Kornmarkt, Schloss oder Molkenkur hinauf zum höchsten Punkt Heidelbergs, dem Königstuhl (1). Jene Bergbahn ist schon ein Stück heimischer Folklore geworden: Konzipiert wurde sie knapp nach der Reichsgründung, ihren Betrieb nahm sie 1890 auf, 1905 war die Gesamtstrecke

Blick auf Heidelberg und Königstuhl

fertig gestellt. Die oberen Stationen sind denkmalgeschützt, und die Wagen, welche hier verkehren, bringen es auf fast hundert Jahre (freilich wurden sie kürzlich sicherheitstechnisch auf den neuesten Stand gebracht).

Nach der nostalgischen Fahrt auf den Berg steht nun die Wanderung an, und diese ist so konzipiert, dass man Schritt für Schritt den Wald als komplexes Ökosystem begreift: „via naturae" will dem Besucher mittels vieler Bildtafeln aufzeigen, wie wertvoll der Wald ist. Die Route wurde vom Naturpark konzipiert und in der Naturpark-Werkstatt erstellt.

Vom Fernmeldeturm führt die via naturae (übrigens gut beschildert) zunächst zwei Kilometer über den Hohlen Kästenbaumweg nach Westen bis zur Hütte am Hohlen Kästenbaum (2). Dann geht es weitere zwei Kilometer in Richtung Süden über den Oberen Drachenhöhlenweg, vorbei am Hohen Kreuz, bis zum Linsenteicheck. Hier wendet man sich wieder nach Westen und gelangt über den Alten Hilsbacher Weg auf vier leicht ansteigenden Kilometern zurück zum Ausgangspunkt.

Wer möchte, kann den Weg auf 3,5 Kilometer Länge abkürzen, indem er sich dort, wo der Hohle Kästenbaumweg einen leichten Linksknick macht, hart rechts hält. Noch früher biegen die Kinder ab: Eine zwei Kilometer lange Runde Hohler Kästenbaumweg – Nasenplatzweg – Eisweiherweg wurde zum Walderlebnispfad umgestaltet – hier erfahren die Kleinen (und selbstverständlich auch ihre aufgeschlossenen Eltern) den Wald auf die sinnliche Weise: Es gibt allerhand zu sehen, riechen, hören und fühlen. Dieser Weg ist übrigens auch kinderwagentauglich; zudem umschließt er das Areal eines Märchenparks (3), in dem man nahezu alles von Grimm'schen Gestalten bis hin zu Disco-Scootern antrifft.

Informationen
Bergbahnstation Kornmarkt
Zwingerstraße 20, 69117 Heidelberg
Tel. 06221 / 513-2150
www.bergbahn-heidelberg.de

Heidelberger Märchenparadies
Königstuhl 5a, 69117 Heidelberg
Tel. 06221 / 23416
Fax 06221 / 164492
info@maerchenparadies.de
www.maerchenparadies.de

Öffnungszeiten:
Täglich von 10–18 Uhr
(Bei schlechtem Wetter geänderte Öffnungszeiten, im Winter geschlossen.)

ERLEBNISTOUREN – PER SCHIFF ODER KANADIER

3. Der Neckar

Was hat Tom Sawyer mit dem Neckar zu tun? Ganz einfach: Beide wurden von Mark Twain beschrieben. Und beide äußerst liebevoll: „Im Sommer ist Deutschland von vollendeter Schönheit, doch um diese sanfte und friedvolle Schönheit letzthinnig zu begreifen, zu erfahren und zu genießen, muss man einmal auf dem Floß den Neckar herabgefahren sein."

Große Worte, die der amerikanische Autor im Nachgang seiner 1878er-Reise formulierte, doch zweifelsohne hat er recht: Der Neckar ist wirklich ein ausnehmend schöner Fluss. Und der Besucher dieser Tage hat verschiedene Möglichkeiten, es Mark Twain nachzutun. Nicht mehr die eines Floßes freilich, jedoch kann er sich z. B. der Rhein-Neckar-Fahrgastschifffahrt anvertrauen.

Deren Weiße Flotte verkehrt u.a. zwischen Heidelberg und Eberbach; eine Fahrt dauert stromaufwärts ca. dreieinhalb Stunden, stromabwärts gut drei Stunden, und zwischen dem Heidelberger Schloss (1) und dem Pulverturm in Eberbach (5) säumen zahlreiche weitere Schönheiten den Wasserweg: Eine (siehe Mark Twain) hinreißende Natur, dazu noch das Benediktiner-Kloster Stift Neuburg (2), die Stadt Neckarsteinach (Anlegestelle) mit seinen Vier Burgen (3), Hirschhorn (Anlegestelle) mit der gleichnamigen Burg (4) – die Liste ist lang.

Zwischen Neckargemünd und Neckarzimmern verkehrt auch die Eberbacher Personenschifffahrt: Schiffseigner und Kapitän Andreas Kappes steuert seine gute „Burg Eberbach" dabei sicher durchs wunderschöne Neckartal.

Wenn man aber dem Twain'schen Floß etwas näher kommen will und Spaß am Paddeln hat, kann man sich auch individuell auf dem Neckar bewegen – etwa eine Tagestour von Neckargerach bis Eberbach-Pleutersbach unternehmen. Zweier- oder Dreier-Kanadier lassen sich vielerorts ausleihen (und zurückgeben), zudem ist man Ihnen gerne bei der Planung einer längeren Tour behilflich. Erste Paddel-Versuche kann man in Eberbach-Pleutersbach unternehmen, hier werden die Boote auch stundenweise verliehen.

Informationen

Rhein-Neckar-Fahrgastschifffahrt GmbH
Untere Neckarstraße 17
69117 Heidelberg
Tel.: 06221 / 20181
Fax: 06221 / 20211
info@rnf-schifffahrt.de
www.rnf-schifffahrt.de

100% Kanu & Bike
Tuchbleiche 1
74239 Hardthausen
Tel. 07139 / 934900
Fax 07139 / 934901
info@kanu-bike.de
www.kanu-bike.de

Eberbacher Personenschifffahrt
Andreas Kappes
Binnetzgasse 1
69412 Eberbach
Tel. 06271 / 4071085
Fax 06271 / 3061
eps-kappes@web.de
www.eps-kappes.de

Neckar bei Zwingenberg

ERLEBNISTOUREN – WANDERN

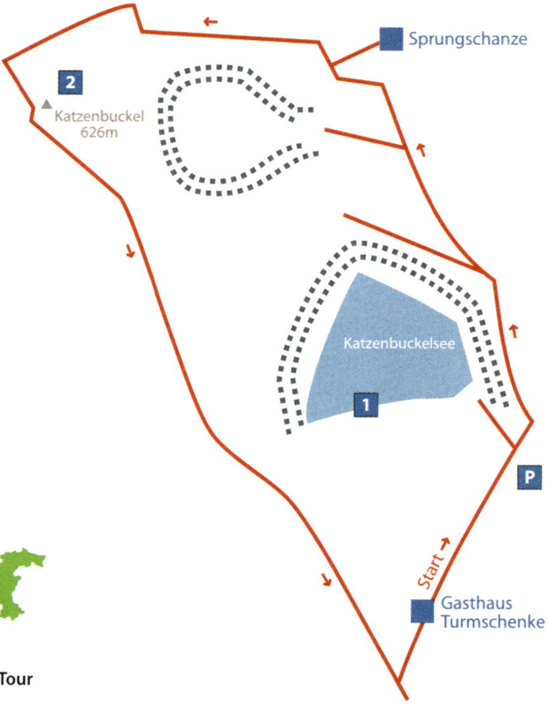

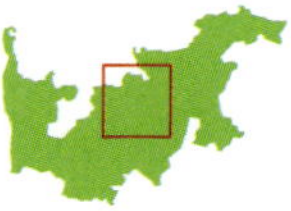

Lage der Tour

4. Der Katzenbuckel

Länge: 1,5 Kilometer
Dauer: je nach Verweilen
Höhenunterschied: 80 Meter
Schwierigkeitsgrad: einfach
Einkehr: Gasthaus am Ausgangs- und Zielpunkt

Er ist schon etwas ganz Besonderes, der höchste Berg des Odenwalds: Immerhin hätte man hier, in der Friedlichkeit des lauschigen Naturparks, kaum einen Vulkan erwartet – beruhigend immerhin, dass er seit rund 60 Millionen Jahren inaktiv ist. Jedoch steht der Katzenbuckel neuerdings wiederum im Mittelpunkt zahlreicher Aktivitäten. Noch unlängst baute man hier seltene Gesteine ab, wobei dieses das Landschaftsbild übrigens nachhaltig veränderte: Ein kleinerer Nebengipfel des Vulkans, der Michelsberg wurde gänzlich abgetragen. Zudem führte 1970 eine Sprengung am Fuße des

Berges dazu, dass sich ein Steinbruch mit Wasser füllte – seither gibt es einen Katzenbuckel-See (1). Und dieser ist Ausgangspunkt einer kleinen Wanderung, welche Landschaftszauber, Vulkanfaszination und interessante geologische Aufschlüsse perfekt in sich vereint: „Weg der Kristalle" heißt die Route, die vom Naturpark konzipiert und in der Naturpark-Werkstatt erstellt wurde. Sie führt den Wanderer vorbei an der Mattenschanze auf den Gipfel, wo ein 18 Meter hoher Sandstein-Turm (2) beste Aussichten aufs Umland bietet. Wer einen Taschenkompass dabei hat, sollte zudem überprüfen, ob der Berg tatsächlich magnetisch ist: Lenkt er die Nadel vom Nordpol ab? Man kann die kleine Wanderung selbstverständlich auf eigene Faust unternehmen; zahlreiche Hinweistafeln lassen kaum eine Frage offen. Daneben werden jedoch von verschiedener Seite geologische bzw. mineralogische Führungen angeboten.

Informationen
Mineralogisches Büro Dr. Landmann
Tel. 07261 / 63430
Fax 07261 / 155798
dralandmann@mineralfascination.biz
www.mineral-fascination.biz/Hauptseite/Weg_der_Kristalle/weg_der_kristalle.html

Tourenanbieter
Proreg
Michael Hahl M.A.
Tel. 06274 / 927855 oder 929297
Fax 06274 / 927856
info@proreg.de
www.geotouren.de/html/index2.html

Der Katzenbuckelsee

FREIZEIT & ERHOLUNG

Miramar

Das Miramar bietet eine Badelandschaft mit Riesenrutschen, eine Saunalandschaft mit Eis-Nebel-Grotte und türkischem Hamam, eine Salz & Kristall-Therme, Massage, Kosmetik, Heilsteine, Kunstinstallationen und vieles mehr.

Informationen

Miramar Freizeitzentrum
Waidallee 100
69469 Weinheim
Tel. 06201 / 60000
Fax 06201 / 600048
info@miramar-bad.de
www.miramar-bad.de

Öffnungszeiten

Mo–Do 9.30–22 Uhr
Fr 9.30–24 Uhr
Sa 9–24 Uhr
So/Fei (Mo–Do) 9–22 Uhr
Fei (Fr/Sa) 9–24 Uhr
(dienstags ab 18 Uhr und samstags ab 19 Uhr textilfreies Baden in gesamter Anlage mit Teilnahmepflicht)

Wildpark Schwarzach

Hier kann man mehr als 400 Wild- und Haustieren begegnen: Vom Lama bis zum Wildschwein, vom Papagei bis zur Gans. Auch eine „Tarzanbahn" ist vorhanden, zudem ein Afrika-Spielplatz, ein Streichelzoo, ein Schaubauernhof, ein Bienenmuseum, eine Minigolf-Anlage und ein beheiztes Freibad. Im und um den Wildpark laden Gaststätten zum Besuch.

Informationen

Eintrittshaus am Birkenhof
Wildparkstraße
74869 Schwarzach
Tel. 06262 / 1734
info@wildpark-schwarzach.de
www.wildpark-schwarzach.de

Öffnungszeiten

Ostern bis Ende Oktober:
täglich von 10–18 Uhr
November bis Ostern (bei guter Witterung) Mo–Fr 13–17 Uhr
Sa / So / Fei 11–17 Uhr

LEIB & SEELE

Töpfern

Das Töpfern ist eines der ältesten Handwerke der Menschheit: Schon zu Steinzeiten schuf man sich so Gebrauchs- und Kultgegenstände. Seit dem Siegeszug des Kunststoffs geriet der gute Ton freilich etwas ins Hintertreffen; dennoch hat er sich seine Liebhaber bewahrt. Und seine Meister – etwa Alfred Schließler aus Eberbach, in dessen Angebot sich so ziemlich jede denkbare Form der Keramik findet: Brottöpfe, Weinkühler, Auflaufformen, Pflanzgefäße, Krippenfiguren, Wappentafeln, Schmuckteller, Außenleuchten, Tischöfen, Repliken von Altertümern und vieles mehr, alles aus heimischem Ziegelton hergestellt. Wenn der Maestro gerade an der schnell rotierenden Scheibe steht, darf man ihm gerne zusehen, ansonsten lädt das Lädchen zu Besichtigung und Kauf.

Informationen
Keramikwerkstatt Krösselbach
Alfred Schließler
Krösselbachweg 2
69412 Eberbach
Tel. 06271 / 6496
Fax 06271 / 6673
info@kroesselbach.de
www.kroesselbach.de
Öffnungszeiten
Mo–Fr 9–12.30 Uhr
und 14.30–18 Uhr
Sa 9–13 Uhr

< Frischlinge im Wildpark Schwarzach

Stutenmilch

Reitervölker wären etwas langsam unterwegs, führten sie Kühe mit sich. So hat etwa im asiatischen Raum die Stutenmilch eine lange Getränke-Tradition; schon Dschingis Khan, so sagt man, begleitete seine Weltkarriere mit diesem Drink – bzw. mit Kumys, dessen vergorener und leicht alkoholhaltiger Variante. Im östlichen Bereich der ehemaligen Sowjetunion hat die Stutenmilch ihren Rang bis heute behauptet, nebst dem Wohlgeschmack rühmt man dort ihre heilsame Wirkung gegen allerlei Krankheiten. Das scheint nicht unwahr zu sein: so hat z. B. ein Projekt der Universität Jena die Vermutung nahe gelegt, dass Stutenmilch antibakteriell sowie entzündungshemmend sei und positiven Einfluss bei der Therapie von Neurodermitis-Patienten habe. Der Tiermediziner Dr. R. Storch hatte wegen Krieg und Gefangenschaft insgesamt acht Jahre in der Sowjetunion geweilt. Von dort brachte er den Glauben an die Kraft der Stutenmilch mit in die Heimat, wo er die erste und nach wie vor größte Stutenmilchfarm Deutschlands begründete, nunmehr das Kurgestüt Hoher Odenwald in Waldbrunn. Besucher können sich zu den u. g. Öffnungszeiten dort informieren und im gestüteigenen Shop Milch, Kumys und kosmetische Produkte einkaufen.

Informationen
Kurgestüt Hoher Odenwald
Simmesstraße 17
69429 Waldbrunn-Mülben
Tel. 06274 / 242
Fax 06274 / 6283
info@kurgestuet.de
www.kurgestuet.de

Öffnungszeiten
Mo–Fr 9–14 Uhr
Sa 9–12 Uhr

Kurgestüt Hoher Odenwald

Klosterlikör Stift Neuburg

Seit dem Jahre 1130 leben hier Mönche – mit einer kleinen Unterbrechung freilich: Nach der Reformation wurde das Kloster aufgehoben, zwischendurch gerieten seine Räumlichkeiten in Privatbesitz. Erst 1926, als es die Abtei Beuron kaufte, wurde hier das klösterliche Dasein wieder aufgenommen. Heute leben 15 Benediktiner-Mönche im Stift. Gern empfängt man (selbstverständlich nach vorheriger Anmeldung) Übernachtungsgäste; da diese eng am klösterlichen Leben teilhaben, bittet man um Verständnis dafür, dass sie männlichen Geschlechts sein müssen. Doch auch über Kurzbesuche freut man sich. Da auf dem Tagesplan der Mönche nebst dem Dienst an der Gemeinschaft und dem Seelsorgerischen auch das Bäuerliche und Gärtnerische steht, hat man hier allerlei schöne und gesunde Dinge anzubieten. Im Hofladen erhält man Blumen und Stauden, daneben auch Milch und Honig, Brot, Eier, Obst, Gemüse, Forellen aus eigener Zucht, Wein und Bier (Letztere auch aus ökologischem Anbau), Klosterlikör, Bücher, Kerzen, Devotionalien, Kinderspielzeug und vieles mehr.

Informationen
Abtei Neuburg
z. Hd. des Gastpaters
Stiftweg 2
69118 Heidelberg
Tel. 06221 / 895-0
Fax 06221 / 895-166
kloster@abtei-neuburg.de
www.abtei-neuburg.de

Hofladen
Tel. 069221 / 653–0559
Fax 069221 / 653–0572
hofladen@klosterhof-neuburg.de
www.klosterhof-neuburg.de
Öffnungszeiten
Mo–Sa 10–19 Uhr

Die genannten Anbieter stellen nur eine Auswahl dar aus einem großen Angebot weiterer Naturproduktbetriebe.
Informationen: www.naturpark-neckartal-odenwald.de

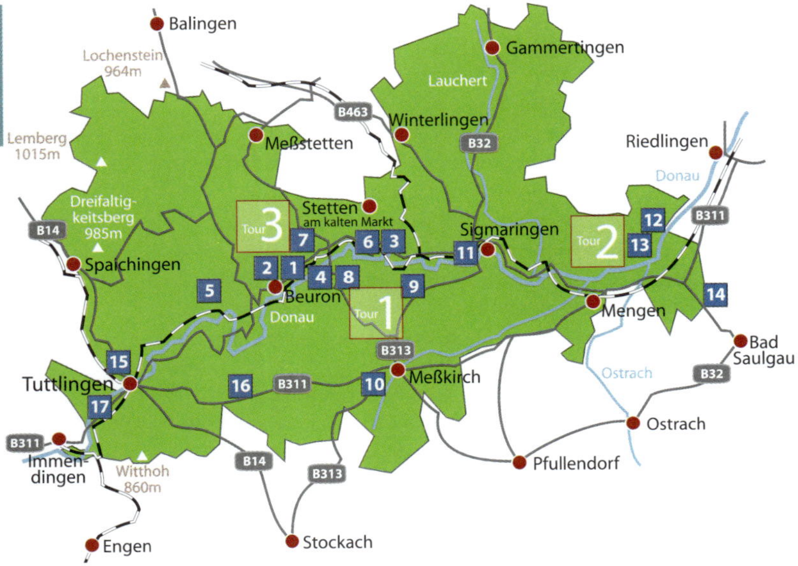

Lage in Baden-Württemberg

Erlebnistouren

Tour 1: Von Thiergarten durch das Durchbruchstal der Donau (TOP-TOUR)
Tour 2: Archäologischer Rundwanderweg Heuneburg
Tour 3: Per Kanu über die Donau

Sehenswürdigkeiten

1. Haus der Natur Beuron
2. Benediktiner Erzabtei Beuron
3. Ruine Falkenstein
4. Burg Wildenstein
5. Kolbinger Tropfsteinhöhle
6. Schaufelsen
7. Schloss Werenwag
8. Hausener Wände
9. Gutenstein
10. Schloss Meßkirch
11. Schloss Sigmaringen
12. Freilichtmuseum Heuneburg
13. Keltenmuseum Hundersingen
14. Schwarzachtalseen
15. TuWass Tuttlingen
16. Freilichtmuseum Neuhausen ob Eck
17. Donauversickerung zwischen Immendingen und Möhringen

Naturpark Obere Donau

Man trifft sich im Naturpark: Immer beliebter wird das Gebiet der Oberen Donau. Und das gilt beileibe nicht nur für die Menschen – auch Tiere fühlen sich hier immer wohler, ob in der Luft, auf der Erde oder zu Wasser. Beispiele gefällig? Gerne: Die hiesigen Wanderfalken standen um 1970 vor dem Aussterben, mittlerweile sind sie wieder weit verbreitet. Gleichfalls gute Nachrichten gibt's von den Uhus: 1963 wurden sie ausgewildert, heute ist die Population gesichert, Tendenz steigend. Der Kolkrabe kehrte um 1980 aus eigenen Stücken zurück, und seither sieht man auch ihn immer häufiger. Zwanzig Jahre davor hatten sich die Gämsen das Donautal zueigen gemacht, hier ist die Population heute gleichfalls stabil – zum Schutz der Felskopfvegetation ist sogar eine behutsame Bejagung erforderlich. Mehr noch: Seit nicht allzu langer Zeit kann man auch die Biber wieder in der Donau und ihren Nebenflüssen sehen. Im Jahr 2005 wurde im Donautal zeitweise eine lange vermisste Großkatze gesichtet: der Luchs. Leider verschwand diese im Folgejahr wieder. Trotzdem ist es nicht auszuschließen, dass es irgendwann zu einer dauerhaften Besiedelung kommt, die Chancen stehen nicht schlecht – samt und sonders erfreuliche Entwicklungen.

All diese Rückkehrer trafen auf Arten, die seit jeher im Gebiet des Naturparks heimisch sind; aus der reichen Fauna seien hier nur einige bemerkenswerte Vertreter herausgegriffen: In den Hecken des Großen Heubergs sieht man die Vorratslager des Neuntöters, an der Donau kann man Eisvögel beobachten, an den Sauldorfer Baggerseen Haubentaucher und Flussseeschwalbe, rund um die vielen Höhlen der Region Fledermäuse. Die Altmoränenlandschaften im Südosten des Naturparks werden von Weißstörchen bevölkert. Insektenkundler schließlich begeistern sich an den vielen Schmetterlingen, Heuschrecken oder Raritäten wie dem Alpenbockkäfer. Kurzum: Tierfreunde kommen hier voll auf ihre Kosten – doch damit sind die Reize des Naturparks noch längst nicht erschöpft.

Blick vom Eichfels

Leberblümchen

Bergwiese und Bauernhof

Denn zweifelsohne weiß auch die Flora voll zu überzeugen: Wald- und Offenland sind hier intensiv verzahnt, flächenmäßig halten sie einander etwa die Waage. Zu den besonderen Reizen der Region zählen die großflächigen Wacholderheiden mit ihrer Pracht an Gelbem Enzian und die äußerst artenreichen Bergwiesen. Wer offenen Auges durch die Landschaft geht, kann sich – je nach Jahreszeit – an blühenden Schönheiten wie dem Märzenbecher, dem Frauenschuh (nur eine von vielen Orchideenarten), dem Heideröschen, dem Leberblümchen, der Küchenschelle oder dem Berghähnlein erfreuen – schier endlos scheint die Liste.

Doch auch die unbelebte Natur ist voller Zauber, wartet sie doch mit zum Teil spektakulären geologischen Formationen auf; so kann man hier auch die (freilich nach denen der Alpen) höchsten Kalkfelsen Deutschlands bestaunen. Wie der Naturpark Obere Donau, größtenteils auf dem Weißen Jura gelegen,

Der Lochenstein am Nordtrauf der Alb

überhaupt die teils liebliche, teils herbe Anmut der deutschen Mittelgebirgslandschaften aufs Schönste verkörpert. Zehn Tausender krönen den Nordwesten des Parks, wobei der Lemberg (1.014 Meter) mit hauchdünnem Vorsprung den Höhenrekord hält. Nach Osten hin fällt die Landschaft allmählich ab, wiewohl sich auch hier noch stattliche Erhebungen finden.

Auf den weiten Hochflächen fand der Mensch Möglichkeiten, sich niederzulassen und, sei es als Bauer, sei es als Schäfer, seinen Lebensunterhalt zu bestreiten. Was wiederum zur Folge hatte, dass er diese Gegenden seinen Bedürfnissen entsprechend umgestaltete. Und diese anmutige Synthese aus Natur- und Kulturlandschaft gilt es zu bewahren – was freilich nur geht, wenn jene uralten Berufe hier auch fürderhin gepflegt werden.

Urlaub auf dem Urmeeresgrund

Neben den Idyllen der Berge und Hochflächen hat der Naturpark jedoch noch ein Stück Landschaft ganz eigener Art zu bieten, nämlich jene, welcher er seinen Namen verdankt. Wenn wir diesem Stück Natur jedoch völlig auf den Grund gehen möchten, müssen wir eine kleine Zeitreise antreten: Falls man der Gegend vor rund 140 Millionen Jahren einen Besuch abgestattet hätte, wäre dieser nur per Boot möglich gewesen – damals erstreckte sich hier das mächtige Jura-Meer, aus dessen Schwammriffen bzw. Sedimenten übrigens die heutigen Felsen des Donautals entstanden sind. Später hob sich der Meeresboden, das Wasser wich zurück. Vor etwa 8 Millionen Jahren begann dann die große Zeit der Donau, nun führte sie die enormen Wassermengen aus dem Schwarzwald, dem Neckargebiet und gar aus Bereichen der Alpenlandschaft fort in Richtung des Schwarzen Meeres. Dabei grub sie sich mit unwiderstehlicher Kraft einen Weg durch den Kalkstein der Schwäbischen Alb. Wenn man heute durch dieses mächtige Durchbruchstal der Oberen Donau schreitet, bekommt man einen Begriff von der Urgewalt des Stromes – dessen größte Tage dennoch dem Ende zugingen: Durch tektonische Veränderungen bedingt, verlor er zunehmend Wasser an die Fluss-Konkurrenz; gerade Vater Rhein mehrte seine Mächtigkeit recht schamlos auf Kosten seiner Schwester. Was bis in unsere Zeiten blieb, ist ein imposantes Tal – Felshöhen von bis zu 150 Metern – mit einem nicht gar so imposanten, dafür aber äußerst lieblich dahinfließenden Fluss: zusammengenommen eine herrliche Landschaft.

Tuttlinger Fossilien Garantie
Die Tuttlinger Tourist-Info bietet Führungen zur Donauversickerung ab Möhringen an. Dabei kann man im trockenen Flussbett nach Versteinerungen Ausschau halten.
Wer keine findet, erhält – der „Tuttlinger Fossilien Garantie" sei Dank – eine geschenkt.
Informationen
Tourist-Info im Rathaus Möhringen, Hermann-Leiber-Straße 4v
78532 Tuttlingen,
Tel. 07462 / 340
Fax 07462 / 7572

Blick vom Eichfelsen ins Durchbruchstal der Oberen Donau

Ein Fluss verschwindet – und geht zur Konkurrenz

Wasser und viel Zeit haben zahlreiche geologische Schönheiten in diesem Kalkgebirge geschaffen – so findet man hier zahlreiche Höhlen, deren bekannteste die Kolbinger Tropfsteinhöhle ist. Gleichfalls reich ist das Land an Dolinen: Trichter, die durch den Einsturz unterirdischer Hohlräume entstanden sind. Am außergewöhnlichsten jedoch sind die Versickerungsstellen der Donau: Deren Wasser, an und für sich ja unterwegs in Richtung Schwarzes Meer, verschwindet zwischen Immendingen und Möhringen im Karst – sehr häufig zur Gänze. Zurück bleibt dann ein leeres Flussbett. Freilich muss das Wasser dann ja irgendwo wieder auftauchen, und das tut es auch: im etwa zwölf Kilometer von Immendingen entfernt gelegenen Städtchen Aach. Welches wiederum äußerst stolz auf seine Quelle ist – stellt sie doch die größte Deutschlands dar. Doch die Tücke kommt noch: Das Wasser der Aach ergießt sich nicht etwa irgendwo zurück in den Donaulauf, sondern

Naturpark Obere Donau – eines der größten deutschen Klettergebiete außerhalb der Alpen

kommt über das Flüsschen Radolfzeller Aach dem Dauer-Konkurrenten Rhein zugute. Eine der größten Wunderlichkeiten der europäischen Wasserscheide Nordsee/Schwarzes Meer.

Naturpark auf Wachstumskurs

All diese natürlichen Reize legten es sehr nahe, das Gebiet der Oberen Donau zum Naturpark zu erklären – was 1980 geschah. Und 25 Jahre später gab es einen weiteren Grund zum Feiern: Das Gebiet des Parks wurde erheblich erweitert; insbesondere im Süden (Ablachtal) und Nordosten (Laucherttal) kam sehr viel Fläche hinzu, sodass man mittlerweile respektable 1.350 Quadratkilometer zählt.

Das Konzept des Parks besteht darin, einerseits die Schönheit der hiesigen Natur sowie die traditionelle Eigentümlichkeit der Feld- bzw. Weidewirtschaft zu erhalten – und andererseits die Region für Erholungssuchende, Naturfreunde und Sportler zu erschließen. Letzteres soll ebenso sanft wie schonend vonstatten gehen – was offensichtlich funktioniert: Die Tiere fühlen sich hier – siehe oben – ebenso wohl wie der Mensch bei seinen vielfältigen Aktivitäten. Zuvorderst steht hier freilich das Wandern; ein bestens ausgebautes Wegenetz, darunter ein Rundwanderweg mit 216 km Länge, bestehend aus dem Donauberglandweg und dem Donau-Zollernalb-Weg, bietet schier unerschöpfliche Freuden für alle, die sich am liebsten per pedes in der Natur ergehen. Fahrradfahrer können sich an einer Vielzahl von Radwegen erfreuen – und am „Naturpark-Express", einem Zuge, welcher sie samt ihren Zweirädern bei Bedarf entlang der Donau zum Ausgangspunkt zurückbringt. Doch auch jene, die eher die vertikalen Gangarten lieben, kommen hier voll auf ihre Kosten: Die Kalkfelsen sind eine Kletterlandschaft allererster Güte. Wer das Wasser als Fahrtstrecke bevorzugt, kann per Kanu oder Kajak über die Donau gleiten – übrigens ein sehr familienfreundliches Vergnügen. Wer schließlich ganz hoch hinaus will, sollte auf die vielen Segelflug-Angebote zurückgreifen.

Detaillierte Befahrungsregeln sorgen für naturverträglichen Paddelspaß

Prunk, Pracht und Prediger

Doch auch die Städte des Naturparks sind einen Besuch wert: Sigmaringen z. B. bietet Ihnen das Flair einer alten Residenz; überragt wird die Stadt vom beeindruckenden Schloss, in welchem einst die Hohenzollern herrschten. Und ein nicht gerade übles Dasein genossen, wovon Sie sich beim Rundgang durch die fürstlich ausgestatteten Räumlichkeiten überzeugen können: Gold, Stuck, Gobelins, Gemälde – mehr Prunk, als das Auge fassen kann. Die Museen präsentieren weitere Prachtobjekte, so u. a. eine von Fürst Karl Anton zusammengetragene historische Waffensammlung – europaweit eine der größten ihrer

Blick ins Donautal

Art. Auch Mühlheim hat nebst seiner sehr sehenswerten Oberstadt zwei Schlösser zu bieten, Meßkirch zwar nur eines, dieses aber birgt immerhin den ersten Renaissance-Saal Deutschlands.

Auch an Burgen herrscht kein Mangel: In Leibertingen thront die Burg Wildenstein hoch über der Donau (nahebei erblickte übrigens der berühmte Barock-Prediger Abraham a Sancta Clara das Licht der Welt). Manche der vielen Festungen sind ein wenig ruinös, was jedoch ihren romantischen Zauber nur noch mehrt. In Beuron ist die Benediktiner Erzabtei eine Sehenswürdigkeit ersten Ranges – zudem bietet das kleine Dörfchen ein Ensemble, das für die Reize des Naturparks Obere Donau geradezu exemplarisch ist: Ein hinreißend schönes Flusstal, gesäumt von Feldern und Wäldern, veredelt durch die Schönheit ebenso alter wie stilvoller Bauwerke – und all das belebt von Menschen, deren Herzlichkeit, Charme und Gastfreundschaft den Aufenthalt zum Genuss machen.

Meßkirch

Meßkirch bezeichnet sich in sympathischer Unbescheidenheit als „Geniewinkel". Und tatsächlich ist die Stadt mit einigen geschichtlichen Größen aufs Engste verbunden: Der Philosoph Martin Heidegger wurde hier geboren, der anonyme „Meister von Meßkirch" hinterließ in der hiesigen St.-Martins-Kirche herrliche Renaissance- Gemälde, Froben Christoph von Zimmern, Verfasser der berühmten Chronik, starb hier.

< Beuron

INFORMATIONEN

Haus der Natur
Wolterstraße 16
88631 Beuron
Tel. 07466 / 92 80 0
Fax 07466 / 92 80 23
www.naturpark-obere-donau.de
www.naturschutzzentren-bw.de
Öffnungszeiten
Mo–Fr 9–17 Uhr;
von April bis Oktober auch
Sa/So/Fei 13–17 Uhr

Haus der Natur

In Beurons einstigem Bahnhofsgebäude sind seit 1996 zwei Organisationen beheimatet, die, aufs Engste miteinander verzahnt, Sorge dafür tragen, dass die Schönheit der Landschaft einerseits erhalten bleibt – und andererseits allen Interessierten auf möglichst schonende Weise zugänglich gemacht wird: Die Stiftung Naturschutzzentrum Obere Donau und der Naturpark-Verein Obere Donau e. V. bündeln ihre Kräfte zum Besten der Natur. Gemeinsam hat man eine Dauerausstellung konzipiert, die viel über das Wesen der Landschaft verrät, sich dabei jedoch auch durchaus lustvoll-unwissenschaftlich an die Kinder richtet: Hier dürfen diese (und ihre größeren Begleiter freilich auch) vieles anfassen und ausprobieren. Daneben gibt es noch zahlreiche „Special Events", die dem Nachwuchs in erster Linie pure Freude machen – ihn darüber hinaus aber auch für die Schönheit und die Fragilität eines ökologischen Systems sensibilisieren. Schüler zwischen der Zweiten und der Sechsten Klasse können etwa ein spannendes Ausstellungsrätsel lösen.

Doch auch outdoors geht es lustvoll und lehrreich zur Sache, wobei hier Jung und Alt gleichermaßen zum Zuge kommen: Man bietet geführte naturkundliche Gruppenwanderungen an, ebenfalls sehr beliebt sind die gewässer-ökologischen Untersuchungen – mit dem Binokular bewaffnet entdeckt man hier eine ebenso winzige wie wichtige, schöne und spannende Lebenswelt. Das Jahresprogramm des Hauses der Natur bietet für fast jedes Interesse die geeignete Veranstaltung. Ob Filzkurs, Burgenwanderung, Höhlenführung oder botanische Exkursion, hier findet jeder das Passende für sich. Egal ob Grundschulkinder, Jugendliche, Erwachsene oder vitale Senioren – hier kommt ein jeder auf seine Kosten, und das alles zu sehr günstigen Teilnahmegebühren; der Eintritt in die Ausstellung ist sogar kostenlos. Damit man auch immer einen Platz bei den angebotenen Veranstaltungen findet, ist eine rechtzeitige Voranmeldung unerlässlich (Jahresprogramm anfordern).

DONAUTAL-GUIDE

Geführte Touren ab Burg Wildenstein;
u. a. zu Wanderfalken und Gämsen
Donautal-Guide Armin Hafner
Tel. 07578 / 2370 oder 0172 / 7469160
www.donautalguide.de
Terminvereinbarung erforderlich,
Schulklassen und Gruppen,
auch Kleingruppen
Preis auf Anfrage

WALDERLEBNISPFAD

Walderlebnispfad Leibertingen mit Uhu-Voliere – hier leben die beiden Uhus Max und Moritz.
Frei zugänglich, Führungen durch Herrn Hafner, siehe Donautal-Guide.
Der Pfad führt vom Wanderparkplatz am Ortsende Leibertingen bis zur Burg Wildenstein.

KARTEN

Freizeitkarten-Set „Naturpark Obere Donau", bestehend aus den Freizeitkarten F507 Villingen und F526 Sigmaringen (Tuttlingen).
Maßstab 1.50.000
ISBN 978-3-89021-600 3 (F507) und 978-389021-619-5 (F526)
Herausgegeben vom Landesamt für Geoinformation und Landentwicklung Baden-Württemberg.

Daneben liegt vor:
Wandern und Rad fahren.
Tuttlingen. Oberes Donautal.
Karte des Naturparks (westlicher Teil).
Herausgegeben vom Landesvermessungsamt Baden-Württemberg.
Maßstab 1:35.000
ISBN 3-89021-746-X
Diese Karte reicht im Osten bis nach Stetten am kalten Markt.

LITERATUR

Ein sehr informativer Begleiter für den Wanderer ist:
Natur-Heimat-Wandern, Naturpark Obere Donau, 5. grundlegend überarbeitete und ergänzte Auflage 2007.
Herausgegeben vom Schwäbischen Albverein e. V. Stuttgart und dem Verein Naturpark Obere Donau e. V., Beuron
349 Seiten, beiliegend eine Karte im Maßstab 1:100.000
ISBN 978-3-8062-2150-3
Eine aktuelle Literaturliste und weitere Tipps sind auf der Homepage des Naturparks zu finden.

INFORMATIONEN ZU UNTERKÜNFTEN UND TOUREN

Im Haus der Natur, Adresse S. 54;
zudem gelangt man über www.naturpark-obere-donau.de zu den Websites der Mitgliedsgemeinden.

ERLEBNISTOUREN – WANDERN

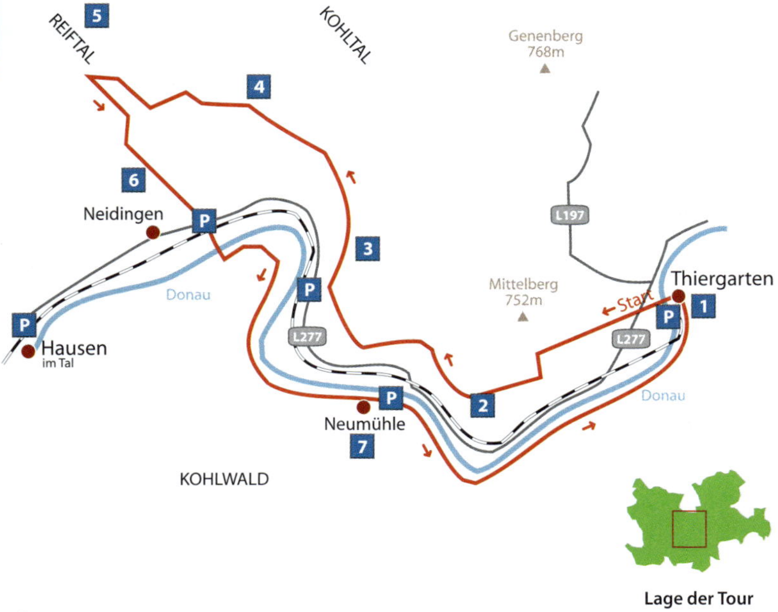

TOP-TOUR

1. Von Thiergarten durch das Durchbruchstal der Donau

Länge: ca. 12 Kilometer
Dauer: ca. 3,5 Stunden
Höhenunterschied: 575 Meter
Schwierigkeitsgrad: mittel , recht steile Auf- und Abstiege, (gesicherte) Felspfade
Wegzeichen: RW1
Einkehrmöglichkeiten in Thiergarten:
Berghaus
Waldstraße 1
Tel. 07570 / 951562;
Restaurant Gutshof Käppeler
Hofstraße 20
Tel. 07570 / 479;
Neumühle
Tel. 07570 / 9590

Diese Wanderung führt uns ins Durchbruchstal der Donau, an zahlreichen Aussichtspunkten vorbei, zu einer großen Burgruine und durch ein markantes Trockental. Wir beginnen den Rundgang in Thiergarten (1), einem Ortsteil von Beuron. Seinen hübschen Namen verdankt er übrigens in der Tat einem kleinen Wildpark, welchen der Graf Wilhelm Werner von Zimmern hier im 16. Jahrhundert anlegen ließ, zuvor hatte der Weiler die eher unoriginelle Bezeichnung „Weiler“ getragen. Vom Wanderparkplatz aus geht es, die Donaustraße überquerend, einen Hohlweg hinauf, vorbei an einem Steinbruch, am Waldrand entlang. Bald biegen wir in einen Feldweg ein, der ins Buttenloch mündet – so heißt das Tal, durch das einst die Donau lief, bevor sie ihren Lauf ein wenig nach Süden verlagerte. Wir lassen das Buttenloch hinter uns und gehen einen Waldweg hinauf zur Ruine Falkenstein (2). Dieses Gemäuer ist uralt – seine Anfänge gehen wohl auf die Ungarn-Einfälle im 10. Jahrhundert zurück. Weithin gerühmt wurde die Mächtigkeit des Turmes, dessen knapp drei Meter dicke Grundmauern wir heute noch bestaunen können. Von dessen Zinnen konnte man den Wald überblicken und, zeitgenössischen Quellen zufolge, fast bis nach Mengen schauen. 1516 erwarb oben genannter Graf von Zimmern die Burg – und ließ jenen Turm niederlegen: Er schwankte bei Wind extrem und drohte einzustürzen. Zudem beauftragte der Graf einen Künstler, den „Meister von Meßkirch", ein Altarbild für die Burgkapelle zu malen, welches man heute in Donaueschingen bewundern kann. Auch ansonsten geht die heutige Gestalt der Ruine weithin auf die Umbaumaßnahmen des Grafen zurück. Von 1990 bis 1997 wurde die Burganlage fachgerecht restauriert und seitdem erfolgten immer wieder weitere Arbeiten. Zuletzt wurde eine informative Beschilderung der einzelnen Bauteile vorgenommen sowie die Umfassungsmauern des Burghofes gesichert.

Von Falkensteins romantischer Ruinenaura reißen wir uns schließlich los, da uns weitere Schönheiten erwarten, deren erste wir bald erreichen, wenn wir dem Waldweg folgen, welcher hinter der Burg bergab führt: Links eröffnet ein Aussichtsfelsen neue Landschaftsperspektiven. Nun passieren wir ein Hochtal und einen Feldweg (unterhalb des Ersteren liegt die in der Steinzeit bewohnte Falkensteiner Höhle, die jedoch nur vom Donautal aus zu betreten ist). Nun gehen wir noch ein wenig am Waldrand entlang, bevor wir dann in Kehren steil hinauf zum Schaufelsen (3) gelangen – die höchste und mächtigste Felswand des Donautals. Nun geht es über einen schmalen, jedoch gesicherten Weg vorbei an den kaum noch kenntlichen Überresten der Schauenburg, die bereits zu Anfang des 15. Jahrhunderts niedergelegt wurde. Danach folgt eine Reihe von Aussichtspunkten, sodann erreichen wir die Steighöfe (4), wo sich ein Rastplatz und ein Naturfreundehaus befinden. Etwa 1.250 Meter hinter den Steighöfen geht es links steil hinab ins Reiftal (5), von welchem aus wir durch einen sehr beeindruckenden Tobel (6) herab nach Neidingen gelangen. Nun führt unser Weg, Donaustraße, Eisenbahn und Donau überquert habend, südlich auf dem Donauradweg parallel zum Fluss in Richtung Neumühle (7), welche in ihren Mauern übrigens viele Steine birgt, die einst aus der abgängigen Burg Falkenstein gebrochen wurden. Von der Neumühle gelangen wir, weiter dem Lauf der Donau folgend, zurück zum Ausgangspunkt Thiergarten.

ERLEBNISTOUREN – WANDERN

2. Hundersingen – Archäologischer Rundwanderweg Heuneburg

Länge: etwa 8 Kilometer
Dauer: 2,5 bis 3 Stunden
Höhenunterschied: 105 Meter
Schwierigkeitsgrad: einfach
Wegzeichen: Stilisierter Kopf des Silen, den ein üppiger Bart schmückt. Die Beschilderung ist sehr aufwändig erstellt, an den archäologischen Sehenswürdigkeiten lassen zudem ausführliche Hinweistafeln kaum eine Frage offen.
Einkehr: Hundersingen, Brauergasthof Adler, Ortsstraße 1
88518 Hundersingen,
Tel. 07586 / 378

Das Gelände der Heuneburg ist ein zauberhaftes Stück Landschaft: Ein Bergsporn, weit über der Donau gelegen, mit hinreißender Aussicht; bei klarem Wetter erblickt man von hier gar die Alpen. Man weiß nicht, ob die Menschen der Bronzezeit schon für solche Schönheit empfänglich waren – in jedem Falle aber sahen sie, dass dieser Bergsporn ihnen etwas anderes, sehr Wichtiges bot: Sicherheit. Wenn man an einigen Stellen einen Graben zöge und einen Wall auftürmte, wäre das Areal nahezu unangreifbar. So ließen sich hier um das 15. Jahrhundert v. Chr. erstmals Menschen nieder. Bis ins 11. Jahrhundert n. Chr. hinein sollte die Heuneburg besiedelt bleiben, freilich mit größeren Unterbrechungen. Den legendären Ruf, den die Heuneburg heute unter Geschichtsfreunden genießt, hat jedoch ein Volk begründet, das hier vom Ende des 7. bis zum Ende des 5. vorchristlichen Jahrhunderts lebte: die Kelten. Jene Menschen (wenn man so will: die Großonkel und –tanten des allseits bekannten Asterix) machten aus der Heuneburg eine sehr große und sehr komplexe Siedlung, in welcher womöglich ein Fürst residierte, zudem wurden hier Handwerk und Handel auf höchstem Niveau betrieben: Viele der Gegenstände, die Archäologen hier fanden, waren „Made in Italy" oder gar „Made in Greece". Doch auch die eigenen Erzeugnisse der Kelten können sich absolut sehen lassen, wovon Sie sich bei einem Besuch des Keltenmuseums Heuneburg in Hundersingen (1) überzeugen können – wo unsere Rundwanderung auch beginnt.

Von hier aus führt der Weg, östlich dem Lauf des Donautals folgend, zum Lehenbühl (2), einem wahrscheinlich fürstlichen Grabhügel keltischer Herkunft. Dessen Beigaben freilich schon im Altertum den Grabräubern zum Opfer

Keltisches Fürstengrab Hohmichele

fielen; 1897 fanden die Spatenforscher nur noch kärgliche Reste. Unweit nordöstlich des Lehenbühl liegt das Plateau der hochmittelalterlichen Baumburg (3) – jenes Plateau ist wahrscheinlich nichts anderes als ein weiterer keltischer Grabhügel. Nun führt der Weg weiter, oberhalb des Donaulaufs, in Richtung der Heuneburg (4); zuvor passiert der Wanderer noch ehemalige Vorsiedlungen und Befestigungsanlagen. Das Plateau selbst misst etwa 3 Hektar; nur ein Drittel seiner Fläche ist bisher archäologisch untersucht. Das Freilichtmuseum wartet mit einer Teilrekonstruktion der einst mächtigen Burgmauer sowie einiger Häuser auf. Von der Heuneburg aus geht es nördlich zu den Ackerfluren Talhau und Gießübel (5), wo den Wanderer weitere keltische Grabhügel erwarten, zudem befanden sich auch hier Außensiedlungen. Nun führt der Weg nördlich, vorbei an der Richard-Lohrmann-Eiche, zum Hohmichele (6), der einen weiteren keltischen Fürsten-Grabhügel bietet; der etwas südwestlich gelegene, über einen kurzen Abstecher erreichbare Speckhau steuert noch einige kleinere bei. Etwas östlich des Hohmichele liegen, im Gelände nicht ganz leicht zu erkennen, Wall und Graben einer keltischen Viereckschanze (7).

Von hier aus führt der Weg in südöstlicher Richtung zurück zum Ausgangspunkt Hundersingen.

Informationen

Heuneburgmuseen
(Keltenmuseum Hundersingen und Freilichtmuseum Heuneburg)
Ortsstraße 2
88518 Herbertingen-Hundersingen
Tel. 07586 / 917303
Fax 07586 / 917304
www.heuneburg.de

Öffnungszeiten

Beide Museen geöffnet vom 1. April bis zum 1. November von 10–16.30 Uhr; im Juli und August von 10–18 Uhr; montags geschlossen

Freilichtmuseum

Heuneburg-
museum

ERLEBNISTOUREN – KANUWANDERN

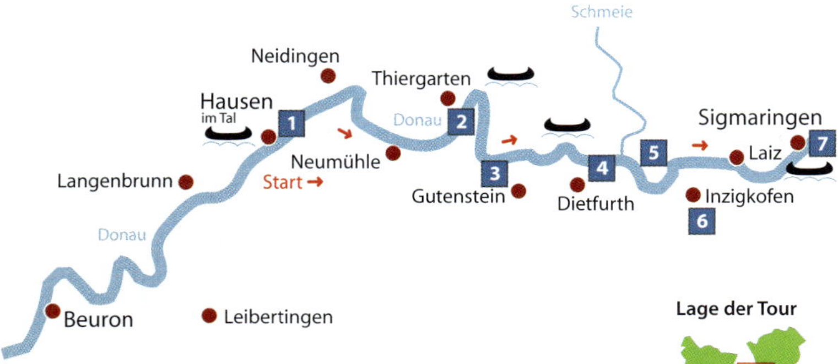

Lage der Tour

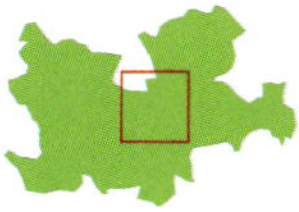

3. Per Kanu über die Donau

Länge: 22 Kilometer
Dauer: je nach Kondition und Laune ein oder zwei Tage
Übernachtungsmöglichkeit: Campingplatz in Hausen im Tal oder, am Ende der Tour, auf dem Campingplatz in Sigmaringen
Einkehrmöglichkeiten: Verschiedene entlang der Strecke
Ausrüstung: bequeme Kleidung, Ersatzkleidung, Sonnenschutz, Badeschuhe, Brillenband
Besonderheiten: An nicht wenigen Wehren muss das Kanu umtragen werden. Vor Antritt der Fahrt sollte man sich über die erforderliche Paddeltechnik, die aktuelle Bootsregelung, den Streckenverlauf und die Umtragestellen informieren.
Vom 01.10. bis 15.02. frei befahrbar bei Wasserstand ab Pegel Beuron 70 cm und höher
Vom 15.02. bis 01.05. gesperrt (außer örtliche Vereine)
Vom 01.05. bis 30.09. gesperrt, allerdings Ausgabe von Befahrungsscheinen im Rahmen von Tageskontingenten, befahrbar ab Pegel Beuron 50 cm (Stand 2009)

Informationen
www.naturpark-obere-donau.de

Das Tal der Oberen Donau ist ein Schmuckstück sondergleichen – was liegt da näher, als diese anmutige Landschaft auf dem Fluss selbst zu erfahren? Diese Tour führt sie vorbei an saftigen Wiesen, schroff-romantischen Felsformationen, uralten Burgruinen und manch Sehenswertem mehr. Wer gerade kein eigenes Kanu zur Hand hat, kann sich ein solches in Hausen im Tal (1), in Thiergarten (2), oder Gutenstein (3) leihen, hier erhält der Neu-Kanute auch alle notwendigen Instruktionen – und schon kann das große Abenteuer beginnen! Auf den ersten paar Kilometern ist wahrscheinlich das pure Paddeln noch Erlebnis genug, doch dann sollte man allmählich die Augen schweifen lassen – ansonsten entgeht einem womöglich der Anblick der einzig noch stehenden Giebelwand von Schloss Hausen hoch über der Donau sowie des Stuhlfelsens, beliebter Kletterfels direkt oberhalb der Ortschaft von Hausen auf der linken Seite der Donau. Fast noch schöner ist ein Blick zurück auf die rechts der Donau aus dem

Wald ragenden Hausener Wände, ebenfalls ein Muss für jeden Kletterfreund.

Weiter führt die Kanutour vorbei am kleinen Weiler Neidingen. Danach führt der Lauf der Donau zuerst direkt auf die Schaufelsen und dann auf die Lenzenfelsen zu. Beide Felsmassive gehören zu den eindrucksvollsten und größten Felsen, die das Durchbruchstal der Donau zu bieten hat. Man sollte beim Paddeln aufpassen, dass man vor lauter nach oben starren nicht die Flussmitte verlässt und gar mit einem ins Wasser hängenden Ast oder Baum kollidiert.

Bei der Neumühle, einer beliebten Gaststätte, muss man den Fluss ein erstes Mal kurz verlassen um ein Wehr zu um tragen. Danach geht es gemächlich weiter an Thiergarten und an dem malerischen Gutshof Käppeler vorbei. Gegenüber beeindruckt die helle Felswand des Bröllers in deren großen Nische vor Zeiten eine uneinnehmbare Höhlenburg stand. Sodann passiert man, nach einer recht spitzen Schleife, die Ortschaft Gutenstein (3) samt ihres klassizistischen Schlosses aus dem 18. Jahrhundert – jetzt sind wir übrigens bei Tour-Kilometer 10, also etwa bei der Hälfte der Gesamtstrecke angelangt. In Gutenstein kann die Tour auch gut unterbrochen werden und am nächsten Tag fortgesetzt werden.

Bald folgt Dietfurt (4), welches rechts der Donau mit einer Ruine und einer guten Rastmöglichkeit bei der Mühle Dietfurt aufwartet, eine weitere Ruine folgt bald links, kurz nach Einmündung der Schmeie: Gebrochen Gutenstein, auch Neugutenstein genannt (5), eine typische Felsnadelburg. Etwas weiter wartet Inzigkofen (6), hier lässt sich eine rund 29 Meter aufragende Felswand bewundern, an welcher wir eine eiserne Inschrift gewahren: „Andenken an Amalie Zephyrine 1841", das Todesjahr dieser im Volke recht beliebten Fürstin von Hohenzollern-Sigmaringen; daneben erfreut Inzigkofen den Vorbeipaddelnden auch noch mit dem Anblick seiner Klosterkirche aus dem späten 18. Jahrhundert. Knapp hinter Inzigkofen hebt Laiz an, ein Stadtteil von Sigmaringen (7). Und hier, in der altehrwürdigen Residenzstadt mit ihrem prächtigen Schloss geht unsere kleine Donau-Tour nach 22 zauberhaften Kilometern zu Ende.

Informationen

DonautalTouristik
Minigolf Hausen im Tal, 88631 Beuron
Tel. 07466 / 1525
Fax 07466 / 910486
www.donautal-touristik.de

Weitere Bootsvermieter:
www. erlebnis-camp.de
www. besi-kanu.de
www. donau-kanuverleih.de

Campingplatz Hausen im Tal
Wagenburg, 88631 Hausen
Tel. 07579 / 559 oder 0160 / 8449137
Campingplatz Sigmaringen
Georg-Zimmerer-Straße 6
72488 Sigmaringen
Tel. 07571 / 50411
Fax 07571 / 50412
www.erlebnis-camp.de

FREIZEIT & ERHOLUNG

TuWass
Klingt wie ein aufrüttelnder Imperativ, steht aber schlicht für „Tuttlinger Wasserwelt" – diese allerdings hat es in sich, so rühmt man u. a. die Wasserqualität: Das Mineral-Thermalwasser, in welchem gebadet wird, hat Heilquellenwerte. Zudem locken ebenso ausgedehnte wie vielfältige Fun- und Relaxbereiche.
Informationen
Mühlenweg 1–5
78532 Tuttlingen
Tel. 07461 / 9665566
www.tuwass.de
Öffnungszeiten
Montag bis Freitag 10–22 Uhr,
Samstag 8–22 Uhr,
Sonntag 9–22 Uhr;
Saunabereich Freitag und Samstag
10–24 Uhr,
Sonntag bis Donnerstag
10–22 Uhr

Schwarzachtalseen
Zwischen Ertingen und Herbertingen liegen die Schwarzachtalseen – und diese bieten mannigfaltige Gelegenheiten zu Spaß, Spiel und Sport. Hier kann man baden, spazieren gehen, picknicken, grillen, campen, segeln oder angeln.
Informationen
Bürgermeisteramt Ertingen
Dürmentinger Straße 14
88521 Ertingen
Tel. 07371 / 508-0

Bürgermeisteramt Herbertingen
Hauptstraße
88518 Herbertingen
Tel. 07586 / 9208-0
www.schwarzachtalseen.de

Die Schwarzachtalseen

Freilichtmuseum Neuhausen ob Eck

Ein Museumsdorf aus alten Original-Häusern der Gegend, komplett mit Kirche, Schule und Rathaus. Hier sieht man, wie die Menschen früher lebten, arbeiteten und feierten. Selbstverständlich sind auch die passenden Haustiere dabei, zudem werden alte Techniken vorgeführt. Eine Gaststätte serviert regionale Küche.

Informationen
Postfach 4453
78509 Tuttlingen
Tel. 07467 / 13 91 (Museumskasse)
Tel. 07461 / 9263205 (Information)
Fax 07461 / 9263087
www.freilichtmuseum-neuhausen.de

Öffnungszeiten
Anfang April bis Ende Oktober täglich 9–18 Uhr, montags geschlossen (außer an Feiertagen)

LEIB & SEELE

Initiative „Beuroner Filz“

Seit Juni 2000 gibt es im Naturpark die Initiative Beuroner Filz. Sie will dazu beitragen, den Schäfern im Naturpark in Zukunft einen fairen Preis für Ihre Wolle bieten zu können.

Das Markenzeichen „Beuroner Filz“ steht hierbei für Produkte, die von Menschen der Region Naturpark Obere Donau gefertigt werden und weit möglichst aus Wolle der heimischen Schafhaltung hergestellt sind.

Die Produktpalette ist breit gefächert. Das Angebot umfasst handgefilzte Produkte wie z.B. Pantoffeln, Hüte, Schals, Sitzkissen, Taschen, sowie pfiffige Dekorations- und Geschenkartikel. Außerdem werden Satteldecken und Teppiche aus regionaler Wolle angeboten.

Alle Produkte mit dem Logo „Beuroner Filz“ enthalten mindestens 50% Naturparkwolle. Die Wolle darf nicht chemisch behandelt sein. Alle Produkte der Produktpalette sind im Haus der Natur in Beuron käuflich zu erwerben oder werden auf Bestellung gefertigt. Weitere Angebote der Initiative sind Kinderprogramme bei Festen, verschiedene Filzkurse für Anfänger und Fortgeschrittene und eigene Verkaufsstände auf regionalen Märkten. Weitere Informationen sind auf der Internetseite der Initiative www.beuroner-filz.de erhältlich.

Filzausstellungzaun

Das Filzen ist nachweislich die älteste Verarbeitungstechnik von Wolle. Fundstücke zeigen, dass bereits vor über 3000 Jahren gefilzt wurde.

Naßfilzen mit warmem Wasser und Seife ist die traditionelle handwerkliche Verarbeitung von Wolle. In Kombination mit warmem Wasser und Seife stellt sich die oberste Schuppenschicht der Wollhaare auf. Gleichzeitiges Walken bewirkt eine gegenseitige Durchdringung der einzelnen Fasern. Die aufgestellten Schuppen der Wollfasern verhaken sich so ineinander, so dass sie nicht mehr zu lösen sind. Das Werkstück schrumpft dabei stark und es entsteht ein festes Material. Der so entstandene Filz weist ganz besondere Eigenschaften auf. Er wärmt, ist nahezu wasserdicht, reißfest und nicht brennbar.

Informationen
Haus der Natur
Wolterstraße 16
88631 Beuron
Tel. 07466 / 92 80 0
www.beuroner-filz.de
Filzkurse veranstaltet z. B.:
Adele Nalik
88631 Beuron-Langenbrunn
Tel. 07579 / 1833

Apfelsaft und manches mehr

Es hat nicht wenige Streuobstwiesen im Naturpark, und so kam unter Federführung des Naturparkvereins bei den hiesigen Bauern der Gedanke auf, einen Gemeinschafts-Apfelsaft zu kreieren. 1999 gründete man hierzu die „Bäuerliche Vermarktung Oberes Donautal e. G.", kurz BODEG genannt. Freilich sollte nicht irgendein Apfelsaft entstehen, sondern ein delikater, gesunder und landschaftserhaltender Tropfen. Also hieß der Gütekodex: keine Pflanzenschutzmittel, keine mineralischen Dünger, regelmäßige Pflegeschnitte, naturtrübe Direktversaftung ohne irgendwelche Zusätze, regelmäßige Laborkontrollen. Das Ergebnis kann sich sehen (besser: schmecken) lassen; zudem war es Auftakt einer immer umfassenderen Direktvermarktung heimischer Produkte: Most, Schorle, Honig, leckere Obstler, Liköre, Fleisch, Käse, Getreide – immer länger wird die Liste. Wer Bezugsquellen für diese bäuerlichen Delikatessen sucht, kann sich ans Haus der Natur wenden.

Die genannten Anbieter stellen nur eine Auswahl dar aus einem großen Angebot weiterer Naturpark-Lebensmittelbetriebe. Informationen: www.naturpark-obere-donau.de

Schmeck den Naturpark – Naturschutz geht durch den Magen

In der Zeit von Juni bis Oktober stellen an einem Sonntag im Monat verschiedene Landwirte aus dem Naturpark ein reichhaltiges Frühstücksbuffet im Haus der Natur in Beuron zusammen. Sie wollen mit diesem Frühstück auf die Produkte der Region und ihre hohe Qualität aufmerksam machen. Dabei können Erzeuger und Verbraucher ins Gespräch kommen, was die Transparenz der Produktion regionaler Lebensmittel erhöht. Denn hier handelt es sich nicht um anonyme Produkte aus dem Supermarkt, sondern um Lebensmittel die von den landwirtschaftlichen

Betrieben selbst erzeugt und vermarktet werden. Vom knusprigen Brot über Wurst, Schinken und Käse bis zu fruchtigen Marmeladen und leckerem Naturpark-Apfelsaft stammt alles aus der eigenen Produktion der Betriebe oder aus der Region. Außerdem trägt ein verstärkter Absatz regionaler landwirtschaftlicher Produkte zum Erhalt der bäuerlich geprägten Landschaft des Naturparks Obere Donau bei. Wer also selbst ausprobieren möchte, dass der Naturpark nicht nur schön anzusehen ist, sondern auch noch lecker schmeckt, sollte zum Naturpark-Frühstück ins Haus der Natur in Beuron kommen.

Die Termine und den jeweilige Anmeldeschluss finden Sie auf der Internetseite des Naturparks www.naturpark-oberedonau.de unter Aktuelles.

Bäuerliche Delikatessen aus dem Naturpark Obere Donau

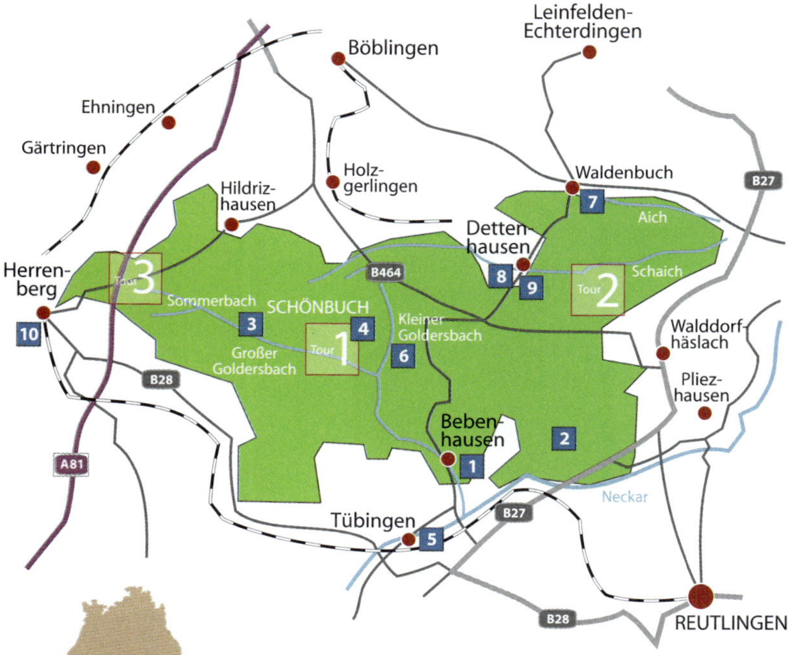

Lage in Baden Württemberg

Erlebnistouren

Tour 1: Mit dem Fahrrad durch das Goldersbachtal (TOP-TOUR)
Tour 2: Wandern – Durchs Tal der Schaich
Tour 3: Wandern – Von Herrenberg zur Neuen Brücke

Sehenswürdigkeiten

1. Infozentrum des Naturparks / Klosters
2. Hofgut Einsiedel (Geschichtlicher Lehrpfad)
3. Hutewald Diebsteig
4. Bannwald Silbersandgrube
5. Tübinger Altstadt
6. Hirschgehege
7. Museum für Volkskultur Waldenbuch
8. Schönbuchmuseum Dettenhausen
9. Kathreehäusle Dettenhausen
10. Stiftskirche Herrenberg

Naturpark Schönbuch

Mobilität ist das Gebot unserer Zeit, und das Flugzeug zweifelsohne eines der wichtigsten Verkehrsmittel. So ließen Ende der 60er-Jahre überall, auch in Stuttgart, die Planer ihre Blicke schweifen: Die Landeshauptstadt, so befanden sie, brauche dringend einen neuen Großflughafen. Und dort, ein wenig südlich der Metropole, zwischen der alten B 27 und dem lauschigen Fachwerkdorf Walddorfhäslach, könnte man ihn doch wunderbar anlegen. So wären auch Reutlingen und die alte Universitätsstadt Tübingen an den Himmel angebunden. Zudem befindet sich hier, mitten im dicht besiedelten Neckarraum, doch nichts als Wald – der Traum für jeden Planer.

Ein Wald ohne Menschen

In der Tat: Der Schönbuch, dessen östlicher Rand für den Airport vorgesehen war, ist vom Menschen nahezu unbesiedelt. Das hat geschichtliche Ursachen: Im Mittelalter diente er den umliegenden Gemeinden als Holzreservoir und Waldweide, sodass jene sehr eifersüchtig darüber wachten, dass sich niemand hier niederließ. Später entdeckten auch die Mächtigen den Reiz des Waldes: Die Herzöge Württembergs, später seine Könige, erkoren den Schönbuch zu ihrem persönlichen Jagdrevier. Was bis ins Jahr 1921 währte, als Wilhelm II., vormalig letzter Monarch seines Landes, das Zeitliche segnete.

Lauschiger Waldweg

Doch nicht nur die Interessen der Dörfler oder jene der blaublütigen Rotwildjäger hatten die Besiedlung des Waldes verhindert – auch die relative Kargheit der hiesigen Böden hatte die Menschen davon abgehalten, sich dauerhaft in dieser Gegend anzusiedeln. Hinzu kam die geologische Struktur des Gebietes: Goldersbach und Aich haben, ebenso wie deren Nebenbäche, im Laufe der Jahrtausende tiefe Täler in die Keuperlandschaft geschnitten. Zudem war der weiche Ton im Laufe der Jahrtausende verwittert, der harte Sandstein hingegen hatte der Erosion besser getrotzt – so war eine nachgerade aus riesigen Treppenstufen aufgebaute Landschaft entstanden.

Lehrpfad Einsiedel
Vor dem Mittelalter war der Schönbuch allerdings durchaus besiedelt – wovon u. a. 300 keltische Grabhügel und zahlreiche römische Relikte zeugen.
Der Geschichtliche Lehrpfad Einsiedel lädt zu einem Spaziergang durch die spannende Vergangenheit; die 4,5 Kilometer lange Runde beginnt am Hofgut Einsiedel.

Die „24 Buchen" im Morgenlicht

< *Waldweg bei Dettenhausen*

Weit gereiste Steine

Jener harte Stubensandstein, war übrigens ein begehrter Rohstoff: Im Ulmer Münster hat man ihn verbaut, ebenso im Kölner Dom; Mühlsteine aus dem Schönbuch wurden gar, dank der Donau, bis in die Türkei exportiert. Doch auch die weichere Variante des Sandsteins fand ihre Abnehmer: Mühsam gemahlen diente sie als Putzmittel oder – vor Erfindung des Löschpapiers – als Tintentrockner.

In den späten 60er-Jahren jedoch waren all diese Exportgewerbe ein wenig obsolet geworden, ebenso wie das Brennholzsammeln, die Waldweidung oder die königliche Jagd. Also lag es doch äußerst nahe, mal eben 1.100 Hektar Wald einer neuen sinnvollen Verwertung zuzuführen – alles klar für den Bau des Großflughafens Stuttgart II?

Vom Planungsareal zum Naturpark

Mitnichten! Denn ein wesentlicher Faktor sprach dagegen, dass sich von hier aus fürderhin Flieger in den Himmel erhöben: die Liebe der Menschen zu ihrem Schönbuch, zu ihrer Natur-Oase im Ballungsraum. Viele Bürger, daneben auch offizielle Stellen, gingen in Opposition zum Airport. Und mehr noch: Einmal initiativ, trieben sie ihre Interessen so weit voran, dass die ausgedehnten, nahezu unzerschnittenen Waldungen zwischen Böblingen, Sindelfingen, Herrenberg und Tübingen pünktlich am Frühlingsanfang 1972 seitens der Landesregierung zum Naturpark erhoben wurden – zum ersten des Landes Baden-Württemberg, wohlgemerkt! Dass dieser in der Folge von seinen sechs hiesigen Nachfolgern flächenmäßig in den Schatten gestellt wurde, stört die Schönbucher recht wenig – wissen sie doch, dass ihre 15.600 Hektar von durchaus besonderem Reiz sind.

Faszinierende Flora

Zunächst fasziniert der Naturpark durch die Vielfalt seiner Landschaften: Die dichten Wälder werden vielerorts von Tälern und Wiesen unterbrochen, fließende und stille Gewässer setzen anmutige Akzente in die Landschaft, lauschige Streuobstwiesen fügen sich harmonisch ins Bild. In dieser landschaftlichen Vielfalt findet sich eine bemerkenswerte Flora: Der Wanderer kann sich an verschiedenen Orchideenarten erfreuen, daneben gedeihen Seltenheiten wie Bärlapp, Schwertlilie, Graslilie, Prachtnelke und Blauroter Steinsamen, zudem eine Vielzahl von Moosen. Schon allein das schmale Tal, durch welches sich der noch unverbaute Goldersbach schlängelt, strotzt nur so vor grünem Leben: Hier zählt man rund 400 Pflanzen und 90 Moosarten, von denen sich viele auf der „Roten Liste" finden.

Wo Wald steht, und das ist immerhin auf 86 % der Naturparkfläche der Fall, überwiegen die Frühjahrsblumen, welche ihre Blüten vor dem Blattaustrieb entfalten und so genügend Licht einheimsen. Zur Sommerszeit hingegen blühen die Wiesen entlang der Bachläufe, wobei man hier nicht selten den Roten Fingerhut bewundern kann.

Bachschleife mit Bärlauch und Fichtenhochwald mit Moospolster

Freier Ausblick für den Dichter

Auch der Waldwuchs selbst hat seine Geschichte: Der Holzeinschlag, die Weidung (zeitweise tummelten sich hier bis zu 15.000 Stücke Großvieh) und nicht zuletzt die bis zu 3 000 herzöglichen Hirsche hatten dem Schönbuch arg zugesetzt, sodass Goethe, welcher das Gebiet anno 1797 auf seiner Reise in die Schweiz durchquerte, hier vor allem den freien Neckarblick genoss – nur „einzelne Eichbäume auf der Trift" fand der Großdichter noch vor, der Rest war Gras. Erst ab 1820 wurden unter Wilhelm I. von Württemberg mit der Aufforstung begonnen, wobei man mitunter als Pionierbäume Fichten und Kiefern setzen musste – an sich hatten im Schönbuch zwar nie Nadelbäume gestanden, die Laubbäume jedoch wuchsen auf den Kahlflächen nur sehr schwer an, allein die Erlen erwiesen sich als genügsam. Mittlerweile halten sich Laub und Nadel in etwa die Waage, wobei man mehr und mehr dazu übergeht, artenreiche Eichenmischwälder aufzubauen. Zurzeit sind im Schönbuch alle heimischen Baumarten vorzufinden, mit Ausnahme weniger Spezialisten aus dem warmen und warmtrockenen Bereich.

Mithin ist die Waldlandschaft sehr vielseitig geworden: Der Diebsteig etwa ist ein alter Hutewald, also eine ehemalige Waldweidefläche – man hat beschlossen, diese Struktur im Sinne eines lebenden Denkmals zu erhalten. Daneben gibt es jedoch Bannwälder, in

Hutewald Diebsteig

Naturpark mit Kulturgenüssen

Überhaupt stellt sich der Naturpark der nicht immer einfachen Aufgabe, die Bedürfnisse der Natur mit jenen der Erholung suchenden Menschen zu balancieren: Ein Besucherleitsystem, bestehend aus großen Übersichtstafeln an den Wanderparkplätzen sowie den sonstigen Eingangspforten des Schönbuchs, gewährt rasche Orientierung; die vielen Zielwegschilder sorgen dafür, dass niemand in die Irre geht. All dieses ist durchaus nötig – immerhin tummeln sich mitunter bis zu 100.000 Wanderer im Areal. Welche übrigens ein weiteres Problem schufen: den Müll. So griff man zu einer ebenso ungewöhnlichen wie raffinierten Maßnahme: Sämtliche Abfalleimer wurden demontiert; seither gilt die Regel, dass jeder Besucher seinen Abfall aus dem Wald mit zurücknimmt. Und, man staunt: Diese Regel wird durchweg befolgt.

So zauberhaft eine Wanderung durch den Schönbuch auch ist – vielleicht gelüstet es den Naturfreund

Winterzauber im Naturpark Schönbuch

daneben einmal nach kulturellen Genüssen? Auch mit diesen kann die Region aufwarten: Wie wäre es mit einem Gang durch die liebevoll restaurierte Tübinger Altstadt? Hier umfängt Sie pures Mittelalter – enge Gässchen, spitze Giebel, prachtvoller Häuserschmuck. Gleichfalls einen Ausflug wert ist das hinreißende Fachwerkstädtchen Herrenberg mit seiner bemerkenswerten Stiftskirche: unten ein gotischer Hallenbau, oben ein barockes Turmhäubchen. Nicht zu vergessen Waldenbuch: Hier lockt das Museum für Volkskultur in Württemberg. Und daneben eine Schokoladenfabrik, welche eine Ausstellung zur süßen Kakao-Tafel beherbergt. Insbesondere widmet man sich hier jener, die quadratisch angelegt ist. Und gleich nebenan gibt's ein zugehöriges Kunst-Museum zu sehen, welches in einem äußerst eckigen Bau – wen wundert's bei jenem Betreiber – allerlei bildnerische Darstellungen des Quadrates präsentiert.

INFORMATIONEN

Infozentrum des
Naturparks Schönbuch im Schreibturm
des Klosters Bebenhausen
Im Schloss
72074 Tübingen-Bebenhausen
Tel. 07071 / 602-0
Fax 07071 / 602-602
Naturpark.Schoenbuch@rpt.bwl.de
www.naturpark-schoenbuch.de

Öffnungszeiten des Infozentrums
April bis Oktober, dienstags bis freitags von 9–17 Uhr; samstags, sonn- und feiertags: 10–17 Uhr. Der Eintritt ist frei.
Öffnungszeiten des Klosters
April bis Oktober: Montags 9–12 Uhr sowie 13–18 Uhr; dienstags bis sonntags 9–18 Uhr; November bis März: dienstags bis sonntags 9–12 Uhr sowie 13–17 Uhr

Die Obrigkeit verstand wenig Spaß: Als König Wilhelm I. von Württemberg 1820 beschlossen hatte, den Wald wieder aufzuforsten, und so die Holzeinschlags- und Weiderechte der umliegenden Dörfer beschnitt, waren deren Bewohner nicht gerade begeistert. Mehr noch: Sie ließen ihren Zorn sehr konkret am königlichen Forstpersonal aus. Sodass sich der Monarch zu rigiden Ordnungsmaßnahmen hinreißen ließ – allein im Jahr 1822 wurden 10 000 Strafbefehle verhängt, und nicht wenige der Delinquenten gingen hinter Schloss und Riegel. Das Forstgefängnis befand sich im Schreibturm des Klosters Bebenhausen – genau dort also, wo heute das Infozentrum des Naturparks seine Gäste begrüßt. Diese können sich mittels einer Ausstellung über die Ökologie, Geologie, Geschichte und Gegenwart des Schönbuchs informieren. Daneben lockt natürlich noch die Besichtigung des ehemaligen Zisterzienser-Klosters selbst – ein echtes Highlight spätmittelalterlicher Sakral-Architektur, welches nach der Reformation verschiedenen anderen Zwecken nutzbar gemacht wurde: Zunächst geriet es zum Jagdschloss, dann zum Schloss selbst – 1946 verstarb hier Herzogin Charlotte, die letzte württembergische Königin.

Schönbuchmuseum

SCHÖNBUCHMUSEUM IN DETTENHAUSEN

In der ehemaligen Pfarrscheuer ist heute eine Ausstellung zu sehen, welche dem Besucher die Kultur- und Sozialgeschichte des Schönbuchs nahe bringt. Dabei setzt das Museum drei Schwerpunkte: Zunächst geht es um den Stein und dessen wirtschaftliche Bedeutung für frühere Generationen. Dann widmet man sich dem Wald – einst Weide und Holzlieferant, heute Biotop und Erholungsgebiet. Schließlich nimmt man sich der Jagd an, wobei hier alle Aspekte zwischen der höfischen Vergnügung und der hungerbedingten Wilderei abgedeckt werden.

Informationen
Ringstraße 3
72135 Dettenhausen
Tel. 07157 / 12632
Öffnungszeiten
April bis Mitte Dezember
an Sonn- und Feiertagen von 14–18 Uhr
sowie Führungen und Gruppen nach
Vereinbarung
Ringstraße 3
72135 Dettenhausen
Tel. 07157 / 12632 oder 66214

WALDFÜHRUNGEN

Klassische Waldführungen veranstalten
die Unteren Forstbehörden:
Landratsamt Böblingen,
Parkstraße 16,
71034 Böblingen,
Tel. 07031 / 663-1001
Landratsamt Esslingen,
Pulverwiesen 42,
73726 Esslingen,
Tel. 0711 / 3902 -1450
Landratsamt Reutlingen,
Bismarckstraße 47,
72764 Reutlingen,
Tel. 07381 / 9397 -7321
Landratsamt Tübingen,
Eberhardstraße 21,
72108 Rottenburg,
Tel. 07071 / 2071402

LANDSCHAFTSFÜHRUNGEN

Landschaftsführungen veranstalten
Margit Elgner-Eisenmann,
Tel. 07073 / 1432;
Diana Holzer,
Tel. 07073 / 4157 und
Silke Schwitalla;
Tel. 07071 / 689186.

Kulturagentur Zeitreise
(Landschaftsführungen mit historischem
und geologischem Schwerpunkt),
Dr. Franziska Blum,
Tel. 07071 / 995761,
www.agentur-zeitreise.de

Monika Noppel
(Erlebnisführungen mit verschiedenen
Schwerpunkten)
Tel. 07073 / 1434

Ludolf Bertram
Tel. 07032 / 957200

KARTEN

Landesvermessungsamt
Baden-Württemberg (Hrg.):
Landkreis Tübingen. Freizeitkarte.
Rad und Wanderwege. Mit Inline-Tour.
Offizielle Karte des Naturparks
Schönbuch. 1:35.000. Stuttgart 2004.
ISBN 3-89021-710-9

Eine Übersichtskarte mit sieben zusätzlichen Rundwegeplänen hat der Förderverein Naturpark Schönbuch e. V. herausgegeben.
Die Teilbereiche im Einzelnen:
1. Bebenhausen
2. Tübingen-Pfrondorf-Einsiedel
3. Tübingen-Hagelloch-Entringen
4. Herrenberg-Waldfriedhof-Sommertal
5. Hildrizhausen-Herrenberg
6. Weiler Hütte
7. Schaichtal-Betzenberg

Der Satz ist gegen eine kleine Gebühr bei der Naturpark-Geschäftsstelle zu beziehen.

INFORMATIONEN ZU UNTERKÜNFTEN UND TOUREN

Bürger- und Verkehrsverein Tübingen
An der Neckarbrücke 1
72072 Tübingen
Deutschland
Tel. 07071 / 9136-0
Fax 07071 / 35070
mail@tuebingen-info.de
www.tuebingen-info.de

Haupt- und Kulturamt der
Stadtverwaltung Herrenberg
Marktplatz 5
71083 Herrenberg
Tel. 07032 / 924–224 oder –320
hauptamt@herrenberg.de
www.herrenberg.de

Infozentrum des Naturparks im Schreibturm des Klosters Bebenhausen >

ERLEBNISTOUREN – RADWANDERN

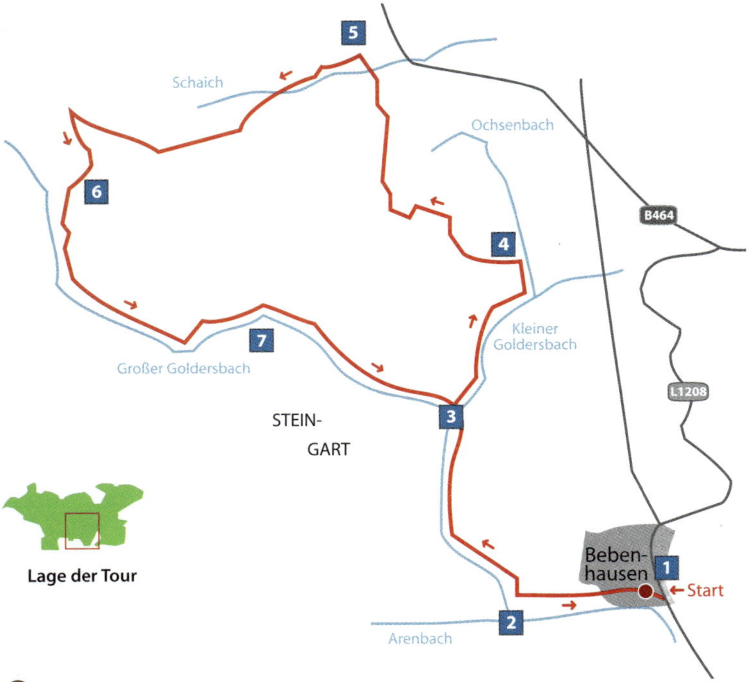

TOP-TOUR

1. Durch das Goldersbachtal

Länge: ca. 27 km
Dauer: ca. 2 Stunden
Höhendifferenz: 200 Meter
Schwierigkeitsgrad: mittel
Wegzeichen: Wegeleitsystem des Naturparks
Einkehr: in Bebenhausen

Ausgangspunkt unserer Tour ist Bebenhausen, welches in erster Linie, aber nicht allein, durch sein ehemaliges Zisterzienser-Kloster und nachmaliges Schloss (1) bezaubert – wiewohl dieses freilich das Ortsbild des 360-Seelen-Dorfes doch sehr machtvoll dominiert. Unter jener Einwohnerschaft findet sich übrigens – man höre und staune – eine veritable Nobelpreisträgerin: Die Biologin Christiane Nüsslein-Volhard erhielt ihre Stockholmer Auszeichnung 1995 für bahnbrechende Forschungen betreffs der genetischen Kontrolle früher Embryonalentwicklung. Nicht genug damit: Sogar ein Bundeskanzler lebte und starb hier – Kurt Georg Kiesinger.

Wir verlassen das so illuster bevölkerte Bebenhausen gen Westen und fahren entlang des unteren Goldersbachs bis zum Geschlossenen Brunnen (2), wo Großer Goldersbach und Arenbach ihre

Kräfte vereinen. Hier wenden wir uns nach rechts, wo es zunächst vorbei am Studentengumpen, einem Wasserloch, anschließend über die Tellerbrücke geht. Sodann gelangen wir zur Teufelsbrücke (3), wo sich die Täler des Großen und des Kleinen Goldersbaches scheiden. Wir entscheiden uns für Letzteren, halten uns also rechts. Kurz nach dem Rastplatz Klaftersteigle wenden wir uns nach links, nun geht es etwas bergauf. Sodann mündet unser Weg in einen anderen ein, dem wir nach rechts folgen, um zur Schnapseiche (4) zu gelangen – deren fröhlich stimmender Name zwei konkurrierende Erklärungen hat: Entweder wurde hier in alter Zeit den bäuerlichen Jagdhelfern ein kleines Gläschen zur Motivation verabreicht – oder selbige Bauern haben hier Korn in fester Form gegen Korn in flüssiger Form eingehandelt. Von hier aus halten wir uns weiter in Richtung Schaichhof, erreichen bald den gleichnamigen Wanderparkplatz und passieren sodann die gleichnamige Golfanlage. Der eigentliche Schaichhof (5) geht auf das 15. Jahrhundert zurück, sein respektables Gutshaus wurde 1771 erbaut. Kurz nachdem wir das Bächlein Schaich überquert haben, wenden wir uns nach links, wo uns der Eselstrittweg bald zur Gabeleiche leitet. Hier halten wir uns erneut links und erreichen die Lindachspitzhütte (6), von ihr aus geht es abermals links zur Neuen Brücke, die uns schließlich ins Große Goldersbachtal leitet. Diesem folgen wir, wobei uns unser Weg an einer anrührenden Stätte vorbeiführt: dem Grab des Gefreiten Viktor Wagner (7), der noch 1945, gerade 19-jährig fiel. Seine Kameraden hatten ihm zunächst ein schlichtes Birkenkreuz errichtet. Doch später wurde sein Grab zu einem Symbol für all jene, die im Krieg ihr Leben gelassen hatten. So fanden sich bis zum heutigen Tage viele Hände, die diese Stätte pflegten.

Unweit hinter dem Soldatengrab ist unser Ausgangspunkt, die Teufelsbrücke, wieder erreicht.

Gabeleiche

ERLEBNISTOUREN – WANDERN

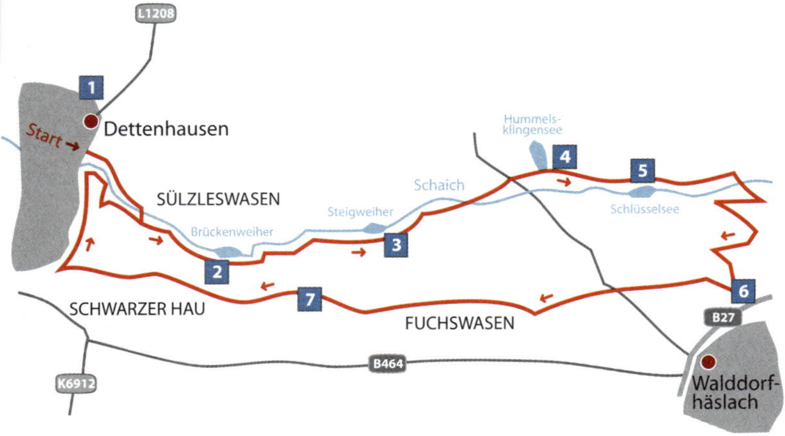

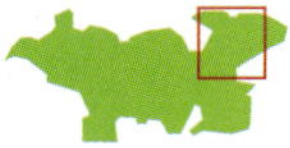

Lage der Tour

2. Durchs Tal der Schaich

Länge: 14 Kilometer
Dauer: ca. 4 Stunden
Höhenunterschied: 150 Meter
Schwierigkeitsgrad: einfach
Wegzeichen: Roter Punkt, Blauer Punkt, Blaues Kreuz
Einkehr: in Dettenhausen

Sieben Personen auf 15 Quadratmetern – die Bewohner des Kathreehäusles (1) mögen sich sehr nahe gekommen sein. Anno 1839 wurde diese Miniaturausgabe eines Eigenheims erbaut, fortan diente sie einer Familie als Heimstatt, eine Zeit lang mit oben erwähnter Rekordstärke. Die letzte Bewohnerin des Hauses Kirchstraße 15 gab ihm schließlich den Namen: Kathree Oswald. Als diese Dame 1951 starb, beschloss man, ihre Wohneinrichtung zu konservieren – somit entstand die (nebst dem Schönbuch-Museum, siehe oben) zweite große Sehenswürdigkeit Dettenhausens. Wer das Kathreehäusle von außen bestaunen will, kann dies jederzeit tun; wer jedoch einen Blick ins Innere werfen will, muss sich vorher bei der Gemeinde Dettenhausen unter 07157 / 12632 anmelden.

Nachdem man Museum und Häusle zur Genüge gewürdigt hat, geht es gen

Osten aus dem Städtele hinaus, man folgt dem Wegzeichen des Roten Punktes. Welcher einen nach kurzer Wanderstrecke ins Tal der Schaich geleitet – eines der hinreißendsten Naturerlebnisse, deren man im Schönbuch teilhaftig werden kann (wobei manche Sprachforscher übrigens den Namen des Waldes von jenem des Flusses etymologisch herleiten). Das Flüsslein schlängelt sich äußerst frei und munter durch sein Tal – eine Schleife nach der anderen; daneben weist es zahlreiche kleine Seen auf. Den Anfang macht der Brückenweiher (2), bald gefolgt vom Steigweiher (3). Nah einer Feuerstelle kreuzen sich zwei Wege: Jener des Roten Punktes wendet sich nun als Waldenbrucher Weg nach rechts, unsere Route jedoch führt weiter geradeaus durchs Tal und wird fortan vom Blauen Punkt markiert. Nun folgen Hummelsklingensee (4) und Schlüsselsee (5). Erst wenn sich rechts das Blaue Kreuz anbietet, verlassen wir das Tal der Schaich, um nach einigen Kehren zur Sulzeiche (6) zu gelangen – eine rund 400 Jahre alte Stieleiche, die es auf äußerst respektable 22 Meter Höhe bringt. Hier wenden wir uns spitz nach rechts – und genießen den Waldrandweg, welcher uns immer wieder anmutige Ausblicke in Richtung Süden gewährt. Sodann führt uns das Blaue Kreuz nach einigen weiteren Ausblicken auf die Schwäbische Alb wieder in den Wald, genauer gesagt: in den Fuchswasen; wir passieren die Schutzhütte Weißes Häusle (7), wandern dann durch den Schwarzen Hau, bevor der Wald vor Dettenhausen wiederum ein Ende findet. Hier halten wir uns rechts, gelangen wiederum ins Tal der Schaich, wo wir uns nach einer spitzen Rechtskehre schließlich dem Punkt nähern, an dem wir es erstmals betreten haben. Von hier aus geht es auf dem bereits bekannten Wege zurück zum Ausgangspunkt der Wanderung.

Drei Mammutbäume am Weißen Häusle

ERLEBNISTOUREN – WANDERN

3. Von Herrenberg zur Neuen Brücke

Länge: 15 Kilometer
Höhendifferenz: 200 Meter
Schwierigkeitsgrad: mittel
Wegzeichen: Wegeleitsystem des Naturparks
Einkehr: Naturfreundehaus am Waldfriedhof, Hildrizhauser Straße 103; Tel. 07032 / 21475, Montag Ruhetag; Gasthäuser in Herrenberg

Der Herrenberger Waldfriedhof (1), östlich des Städtchens gelegen, weist einen Wanderparkplatz auf, den wir zum Ausgangspunkt unserer Tour nehmen. Nämlichen Friedhof links liegen lassend, gelangen wir durch lauschigen Wald zum Schönen Kap (2), von wo wir die erste der vielen bezaubernden Aussichten genießen, welche dieses Teilstück für uns bereithält. Bald erreichen wir den Mönchberger Sattel, weit oberhalb des gleichnamigen Dorfes. Knapp hinter dem Steigplatz gabelt sich der Weg; wir halten uns rechts und wandern auf den Grafenberg (3), der uns einen reizenden Ausblick auf das gut hundert Meter tiefer liegende Dorf Kayh gewährt. Nun geht es weiter zum Kayher Sattel; an der dortigen Wegkreuzung halten wir uns links; wir befinden uns nun auf dem Jägergartenweg, der bald ins Kayher Sträßle übergeht. Bald haben wir die Möglichkeit, einen Abstecher zu unternehmen: Rechts führt ein Weg dorthin, wo einst die Burg Müneck (4) aufragte. Urkunden weisen nach, dass hier im 13. und 14. Jahrhundert Tübingische Dienstmannen lebten. Dann wurde die Burg zerstört – weder kennt man den genauen Zeitpunkt, noch den Anlass, noch den verheerenden Feind. Auch die archäologischen Befunde sind recht spärlich: Einzig Wall, Graben und wenige Grundmauern sind auf uns gekommen – freilich ein schönes Terrain zum romantischen Sinnieren über versunkene Ritterherrlichkeit.

Falls man den Abstecher nicht unternehmen will, wendet man sich nach links und folgt dem Wegzeichen Blauer Punkt; bald zweigt rechts ein Weg ab, welcher den Wanderer nach einer spitzen Linkskehre schließlich zur Neuen Brücke (5) bringt. Hier geht es links, wiederum durch den Blauen Balken markiert, ins Kayher Tal, das vom Fischbach durchflossen wird. Bald gabelt sich der Weg; wir halten uns rechts und gelangen ins Sommertal, wo wir sodann die Fresseiche (6) gewahren, deren Name von einem Gedicht herrührt, das einst zwei Enkel im Gedenken an ihre waidmännisch überaus erfolgreichen Großväter anbringen ließen. Also spricht der Baum: „Es war vor über hundert Jahr' / als ich noch eine junge Dame war / besuchten mich zwei Jägersmann / sie stellten ihre Rucksäck an. / Darinnen lag ein Rehbock schwer / drei Tage war man hinterher. / Beim Lagerfeuer unbeschwert / der ganze Bock ward aufgezehrt / tief schliefen ein die Jägerbäuche / gefüllet mit der Wildbret Leiche. / Dies und noch mehr ward stadtbekannt. / Fress-Eiche wird ich drum benannt." Wer ob dieser leckeren Lyrik Appetit bekommen hat, muss nunmehr nur noch geradeaus gehen – dann gelangt er bald zurück zum Waldfriedhof, wo das Naturfreundehaus mit Speis und Trank aufwartet – freilich kann man alternativ auch in Herrenberg selbst zünftig speisen.

Fresseiche

LEIB & SEELE

Wild

Im Naturpark Schönbuch spielt das Wild seit langem eine große Rolle. Bis zum heutigen Tage: Auf 4.000 Hektar leben nunmehr rund 150 Tiere, deren Wildbret eine beliebte regionale Spezialität darstellt. Vermarktet wird es über die jeweils zuständige Untere Forstbehörde.

Informationen

Landratsamt Böblingen
Parkstraße 16, 71034 Böblingen
Tel. 07031 / 663-1001

Landratsamt Esslingen
Pulverwiesen 42, 73726 Esslingen
Tel. 0711 / 3902 -1450

Landratsamt Reutlingen
Bismarckstraße 47, 72764 Reutlingen
Tel. 07381 / 9397 -7321

Landratsamt Tübingen
Eberhardstraße 21, 72108 Rottenburg
Tel. 07071 / 2071402

Wildsalami und Schönbuchwürstchen

Gleichfalls eine gute Adresse für Wild-Liebhaber ist die Metzgerei Schill – hier erhält man nebst vielen anderen Spezialitäten eine leckere Wildsalami und delikate Schönbuchwürstchen.

Informationen

Metzgerei Schill
Hindenburgstraße 26
71083 Herrenberg
Tel. 07032 / 5720

Honig

Auch die Imkerei gedeiht hierzulande; wobei man mitunter recht außergewöhnliche Honigsorten einbringt: Ulrich Maurer z. B. verkauft biologisch gewonnenen, naturreinen Waldhimbeer- bzw. Waldbrombeerhonig.

Informationen

Ulrich Maurer
Beim Schloss 19
72074 Tübingen-Bebenhausen
Tel. 07071 / 639335

Rothirsch >

Streuobst-Spezialitäten
Armin Straub und Christian Reutter betreiben naturschutzorientierte Landschaftspflege. Und verkaufen Tübinger Streuobst-Spezialitäten, wie z. B. Tübinger Apfelsaft, verschiedene sortenreine Moste (meist Birnenmoste), sortenreine Säfte, und, Prosit: sortenreine Obstbrände.

Informationen
Armin Straub
Schwalbenweg 7, 72076 Tübingen
Tel. 07071 / 63265

Christian Reutter
Geißwiesenstraße 48
72070 Tübingen-Hagelloch
Tel. 07071 / 61220

Lage in Baden-Württemberg

Erlebnistouren

Tour 1: Bannwald Wildsee – Durch den Urwald von morgen (TOP-TOUR)
Tour 2: Nordic Walking – Vom Mattenhof nach Santis Claus
Tour 3: Mountainbiking – Die Moorpackung
Tour 4: Wanderung Wildnispfad – Eine Wunde verheilt

Sehenswürdigkeiten

1. Naturparkhaus und Naturschutzzentrum Ruhestein
2. Wildseemoor Kaltenbronn
3. Walderlebnisstation Ottersweier
4. Kurhaus Baden-Baden
5. Schmuck-Museum Pforzheim
6. Kloster Calw / Hirsau
7. Marktplatz Freudenstadt
8. Europapark Rust
9. Freizeitpark Hardt

Naturpark Schwarzwald Mitte/Nord

Hier traf sich alles, was Rang und Namen hatte, alles – und das ist beileibe keine Übertreibung. Kaum eine Stadt des Kontinents hatte in den Sommermonaten eine so hohe Promi-Dichte aufzuweisen wie diese: Tonkünstler wie Gioacchino Rossini und Hector Berlioz nahmen hier Quartier, daneben auch gekrönte Häupter wie die britische Queen Victoria und Österreichs Sissi. Literaten wie Mark Twain betrieben ihre Studien, ebenso Fjodor Michailowitsch Dostojewskij, wobei dieser nebenher noch im hiesigen Kasino seine Spielsucht kultivierte. Überhaupt, die Laster: Auch Star-Kurtisanen wie Marie Duplessis gingen hier ihren Geschäften nach; Alexandre Dumas d. J. sollte sie als die „Kameliendame" verewigen. Friedrich Nietzsche, gleichfalls ein Gast, mag sich seinen Teil gedacht haben. Brahms, Bismarck, Wagner – schier endlos scheint die Liste: Baden-Baden war im 19. Jahrhundert zweifelsohne die Sommerhauptstadt Europas.

Bereits die alten Römer hatten hier die Segnungen der heißen Heilquellen genossen, denen die Stadt auch ihre Karriere in der Neuzeit verdankt. Dabei ist Baden-Baden mit all seinen Luxushotels und Prachtvillen beileibe nicht der einzige Traditions-Kurort im Naturpark Schwarzwald Mitte/Nord: Auch Herrenalb, Wildbad, Liebenzell, Peterstal-Griesbach, Rippoldsau und Teinach-Zavelstein schmücken sich mit dem noblen Namensvorsatz „Bad".

Größer gibt's nicht: der deutsche Rekord-Park

Doch neben dem gesunden Wasser und dem mondänen Bäder-Flair lockt seit längerem auch noch etwas anderes die Besucher herbei: Im zwanzigsten Jahrhundert stieg die Sehnsucht des Stadtmenschen nach einem ursprünglichen, unverfälschten Naturerlebnis – und dieses ist im Schwarzwald so eindrucksvoll zu haben wie kaum irgendwo sonst. Vor nicht allzu langer Zeit, im Dezember 2000, hat sich folglich der Naturpark Schwarzwald Mitte/Nord gegründet, nicht von oben dekretiert, sondern durch eine Initiative der hiesigen Bürger und Entscheidungsträger. Sein Areal wird im Westen vom Rheintal begrenzt, östlich vom Neckar, im Norden schließt er etwa auf der Höhe Karlsruhe – Pforzheim ab, im Süden stößt er hinter der Linie Lahr – Haslach – Schramberg an das Territorium des Naturparks Südschwarzwald. Somit umfasst er ein stattliches Gebiet: Mit rund 375.000 Hektar Fläche ist der Naturpark Schwarzwald Mitte/Nord der größte nicht nur des Ländles, sondern gleich der gesamten Republik.

< Geroldsauer Wasserfall bei Baden-Baden

Von Dänemark nach Norditalien sind es zehn Kilometer

Klimatisch betrachtet, ist er gar fast so groß wie ein Kontinent: Auf den Höhenzügen an der Hornisgrinde, mit 1.163 Metern übrigens die höchste Erhebung des Nordschwarzwalds, misst man übers Jahr etwa 2.200 Liter Niederschlag sowie durchschnittlich ca. 4 Grad Celsius bei Windgeschwindigkeiten von rund 5,2 Meter/Sek. – das sind Verhältnisse wie im südlichen Skandinavien. Doch nur zehn Kilometer westlich, im Rheintal, fällt weniger als halb so viel Regen bei mehr als doppelt so viel Celsiusgraden – ähnliche Bedingungen, wie sie Norditalien aufweist.

Diese klimatische Besonderheit geht auf die Struktur der Landschaft zurück, und selbige hat freilich ihre Geschichte: In der Urzeit unseres Planeten bildeten sich hier auf vulkanischem Wege Granite und Gneise. Vor 250 Millionen Jahren ergoss sich erstmals das Meer in das Gebiet des heutigen Naturparks, was sich in der Folgezeit noch einige Male wiederholte, wobei es mächtige Schichten von Buntsandstein, Muschelkalk und Keuper hinterließ. Vor ca. 65 Millionen Jahren senkte sich der Oberrheingraben ab, das heutige Mittelgebirge hingegen hob sich empor. Die höheren Lagen im Süden und Südwesten des Naturparks verloren schließlich durch Abrutschung und Erosion ihre Deckschichten, sodass hier die Granite und Gneise wieder frei zu Tage traten. In der Mitte blieb der Buntsandstein noch weithin erhalten, im Osten und Norden ist gar die Muschelkalkzone noch intakt – was übrigens zur Folge hat, dass sich hier die besten Böden finden.

< Wildseemoor Kaltenbronn

Wanderfalke, Dreizehenspecht und Auerhahn – geschützte Arten im Naturpark

Kreuzotter

Weißtanne, Wiese und Weinstock

Für den Naturfreund freilich hat jedes dieser Gebiete seine Reize, alle zusammen aber bieten eine ebenso faszinierende wie abwechslungsreiche Erlebnislandschaft. Gut 20 % des Naturparks bestehen aus Wiesen und Weiden, fast 70 % aus Wald: In der Mitte des Naturparks verzeichnet man gar die größten zusammenhängenden Waldflächen Deutschlands; in den Hochlagen finden sich mehrere hundert Hektar Bannwälder – sprich Wälder, in denen seit hundert Jahren keine forstwirtschaftliche Nutzung mehr stattfindet. Typisch für die Region sind die wüchsigen, dunklen Mischwälder aus Buche, Fichte und Weißtanne, wobei (ein wenig paradox klingend) ausgerechnet jene Weißtanne der für den Schwarzwald charakteristische Baum ist. Gerade der Wechsel zwischen dem dichten Wald und der bäuerlichen Kulturlandschaft mit ihren typischen Höfen schafft die vielbesungene Schwarzwaldidylle, zu welcher die schroff-romantischen Felsen und Schluchten, die vielen Quellen, Bäche und Wasserfälle sowie die mitunter geradezu verwunschen anmutenden Karseen, die „dunklen Augen des Schwarzwaldes", noch beitragen. Zum Rande des Naturparks hin wird die Landschaft offener und lieblicher: Im Osten dominieren die Ackerflächen, im Westen die Streuobstwiesen und, vor allem, der Weinbau – gehören die Tropfen der Ortenau doch zu den begehrtesten Deutschlands.

Die Flora des Naturparks beschränkt sich selbstverständlich nicht allein auf die Weißtanne; in den Hochlagen ragen neben ihr auch noch Latschen-Kiefern auf (Pinus mugo), in den niederen Regionen finden sich Eichen-Hainbuchenwälder. Doch auch mit Biotopen ganz anderer Art kann der Naturpark aufwarten: Dort wo das Wasser nicht einfach abfließen kann, etwa beim Wildseemoor auf dem Kaltenbronn oder auf der Hornisgrinde, entstanden Hochmoore, hier gedeihen Pflanzen wie Wollgras und der Fleisch fressende Sonnentau. Eine weitere Besonderheit des Naturparks sind die Grinden – durch Beweidung entstandene

Bergheiden, auf denen Bocksergras, Latschen-Kiefern, Birken und Heidelbeeren wachsen, zum größten Teil stehen sie mittlerweile unter Naturschutz.

Diese faszinierenden Landschaften sind freilich auch von einer artenreichen Tierwelt belebt – so ist man hier z. B. stolz darauf, die höchste Auerwild-Dichte ganz Deutschlands aufzuweisen. Auch Haselwild findet sich noch, Luchse ziehen sporadisch durch. Ein sehr schönes, im Grunde durchaus harmloses Tier hat im Naturpark eine rekordverdächtige Dichte: die Kreuzotter; rund um den Ruhestein bei Baiersbronn ist sie sehr häufig, doch auch überall dort, wo Blockhalden oder Grinden ihr tauglichen Lebensraum gewähren, ist sie noch zu finden – wobei sie dem Menschen vorsorglich aus dem Weg geht. Ihr Feind, der Schlangenadler, besucht das Gebiet des Naturparks nur auf der Durchreise, wobei er dann im Luftraum womöglich auf Kollegen wie den Dreizehenspecht, den Sperlingskauz, den Raufußkauz, den Kolkraben oder den Wanderfalken trifft.

Grindenlandschaft an der Schwarzwaldhochstraße

Die Städte des Naturparks – Kulturgenüsse aller Art

Doch neben all diesen faszinierenden Begegnungen mit der Natur, neben allen bäuerlichen Idyllen erwarten den Reisenden auch noch kulturelle Eindrücke mannigfacher Art. Eine Stadt wie Baden-Baden beeindruckt zunächst – siehe oben – durch die Monumente ihres einst äußerst noblen Badebetriebs, wie etwa dem Kurhaus und dem Casino, daneben präsentiert sie jedoch auch noch andere Highlights. Etwa die romantischen Ruinen des Alten Schlosses, die Renaissancepracht seines Nachfolger-Baus, die im Kern romanische Stiftskirche – die Liste der beeindruckenden Bauwerke ist lang. Sehenswert sind auch die Präsentationen der Kunsthalle und des angrenzenden Museums Frieder Burda. Das Festspielhaus, größtes Opern- und Konzerthaus Deutschlands, wartet mit Musik-Events aller Art auf. Doch die Kulturballung Baden-Baden ist mitnichten die einzige des Natur-

Schmuckerlebniswelt in Pforzheim – Goldwand

parks, auch andere Städte können sich durchaus sehen lassen: Das ob seiner Juwelier-Tradition auch „Goldstadt" genannte Pforzheim z. B. bietet seinen Gästen ein Schmuck-Museum mit sehenswerten Exponaten an, Calw bezaubert zunächst durch sein ehemaliges Kloster Hirsau, daneben durch seinen historischen Ortskern mit der berühmten Nikolausbrücke – dieser und dem gesamten Städtchen hat übrigens dessen berühmtester Sohn ein literarisches Denkmal gesetzt: Wer möchte, kann sich auf den Besuch mittels Hermann Hesses „Gerbersauer Erzählungen" einstimmen; in Calw selbst sollte man dann den Besuch des Hermann-Hesse-Museums nicht versäumen. Auch Ettenheim, Gengenbach, Schiltach, Wolfach und Altensteig haben intakte malerische Altstädte, die den Besuch lohnen. Ganz besondere

Marktplatz von Freudenstadt

städtebauliche Genüsse gewährt – nomen est omen – Freudenstadt: 1599 hatte Friedrich I., Herzog von Württemberg, beschlossen, eine neue Residenz zu benötigen. Folglich erteilte er seinem Baumeister Heinrich Schickhardt den Auftrag, ihm ein repräsentatives Ensemble auf die Grüne Wiese zu zaubern, und zwar im (Renaissance-) Stil der Zeit: regelmäßige Anlage, gleich einem Mühle-Spielbrett. Mittelpunkt sollte ein prächtiges Schloss werden, versehen mit einem weitläufigen Schlossplatz. Doch leider starb Friedrich unerwartet, der Städtebauplan wurde eingestellt. Was blieb, waren einige Straßen – und ein Schlossplatz ohne Schloss. Welchen die findigen Schwaben nun einfach zum Marktplatz erklärten … mit der Folge, dass Freudenstadt sich heute des größten Marktplatzes der Nation erfreut: 216 mal 219 Meter.

Spielbank Baden-Baden

INFORMATIONEN

Naturparkhaus auf dem Ruhestein
Schwarzwaldhochstraße 2
77889 Seebach
Tel. 07449 / 913054
Fax 07449 / 913101
info@naturparkschwarzwald.de
www.naturparkschwarzwald.de

Naturparkhaus

NATUR PUR ERLEBEN

Der Naturpark Schwarzwald Mitte/Nord ist ein Paradies für alle, die Natur aktiv erleben wollen – und das zu jeder Jahreszeit! Das Angebot für Aktive ist vielfältig: Ob auf dem Rad, in Wanderstiefeln oder im Winter mit Schneeschuhen. Der Naturpark Schwarzwald Mitte/Nord bietet für Jeden das Richtige und auch die Kleinen kommen in der Naturerlebniswelt des Naturparks ganz besonders auf ihre Kosten!
Entdecken Sie die Nordic Walking- und Mountainbike-Region Nr. 1 oder Erwandern Sie die schmalen Pfade der NaTouren und unsere Erlebnispfade!

Auf den beiden Naturerlebnispfaden der Stadt Baden-Baden direkt an der Schwarzwaldhochstraße können Sie Wildnis hautnah erfahren. Deutschlands erster Luchspfad startet hier und informiert Sie nach dem Motto „Schleichen, Spähen, Ohren spitzen" über die Lebensweise des Luchses. Er wirbt für die Akzeptanz des „Pinselohrs", wie der Luchs wegen seiner Haarbüschel an den Ohren genannt wird. Der vier Kilometer lange Weg ist mit Pfotenabdrücken gekennzeichnet und hält spannende Spielangebote für die ganze Familie bereit! Zum Wildnispfad, der genau wie der Luchspfad, am Plättig startet, finden Sie auf den Seiten 122–123 noch weitere Infos.

Auch die Schwarzwald-Guides, unsere speziell geschulten Landschaftsführer, begleiten sie gerne zu den Schätzen des Naturparks. Die Touren der Schwarzwald-Guides sind so vielfältig, wie der Naturpark selbst.

Viele weitere Aktiv- und Erlebnisangebote im Naturpark Schwarzwald Mitte/Nord finden sie im Erlebnisportal unter www.naturparkschwarzwald.de.

NATUR ENTDECKEN UND VERSTEHEN

Im Naturpark Schwarzwald Mitte/Nord können Sie sich aber nicht nur in der Natur erholen sondern auch viel über Flora und Fauna erfahren.
Ein Besuch in unseren beiden Infozentren lohnt sich!

INFOZENTRUM KALTENBRONN

Kaltenbronner Str. 600
76593 Gernsbach-Kaltenbronn
Tel. 07224 / 655197
Fax 07224 / 655198
info@infozentrum-kaltenbronn.de
www.infozentrum-kaltenbronn.de

Wie viel Wasser kann eigentlich Moos speichern oder wie viel Leben steckt in totem Holz? Im Infozentrum Kaltenbronn gibt es auf viele Fragen die passenden Antworten! Eine multimediale Ausstellung präsentiert hier mit interaktiven Modellen, Schauwänden und Ausstellungsobjekten die Geschichte und einmalige Natur der Hochmoore des nördlichen Schwarzwalds.

NATURSCHUTZZENTRUM RUHESTEIN

Schwarzwaldhochstr. 2
77889 Seebach
Tel. 07449 / 91020
Fax 07449 / 91022
naz.ruhestein@naturschutzzentrenbw.de
www.naturschutzzentren-bw.de

Direkt an der Schwarzwaldhochstraße bekommen Besucher hier unter Dach oder bei Führungen einen faszinierenden Einblick in die Geologie, Tier- und Pflanzenwelt des Naturparks. Das Zentrum bietet auch vielfältige Naturpädagogik-Angebote sowohl für Kinder als auch für Erwachsene.

LITERATUR

Die NaTouren – Auf schmalen Pfaden zu den verborgenen Naturschätzen des Schwarzwalds:
Sie möchten über Felsen klettern und phantastische Aussichten genießen? Oder lieber die dunkelen Augen des Schwarzwalds bewundern? Die NaTouren machen es möglich! Sie sind eine Einladung, die Naturschönheiten im Naturpark Schwarzwald Mitte/Nord auf kurzen, abwechslungsreichen Strecken zu erleben. In den Wanderführern, die in jede Hosentasche passen, erwarten Sie herrliche Landschaftsaufnahmen, eine kurze Charakterisierung der wichtigsten Biotope und eindeutige Beschreibungen der Touren. Statt einer topographischen Karte können Sie sich an Luftbildern orientieren.
Ein ganz besonderer Band sind die „NaTouren für Alle" – eine Zusammenstellung von Strecken, die sich besonders für Personen mit motorischen Behinderungen, Rollstuhlfahrer, aber auch für Familien mit Kleinkindern sowie für ältere Menschen eignet.

Band I: Naturschätze zwischen Baden-Baden und Freudenstadt (Schwarzwaldhochstraße)
Band II: Naturschätze im Murgtal
Band III: Naturschätze im Mittleren Schwarzwald
Band IV: NaTouren für Alle – Naturschätze im Nordschwarzwald
Alle vier Bände sind im Naturpark-Onlineshop unter www.naturparkschwarzwald.de zu je 2 € pro Band (zzgl. Porto und Versand) erhältlich.

KARTEN

Die offizielle Karte des Naturparks genügt allen Anforderungen, die sich beim Wandern oder Fahrradfahren stellen: Maßstab 1:50.000, detailliertes Kartenbild. Zudem sind in der Karte touristische Ziele sowie Sportangebote eingezeichnet. Herausgeber ist das Landesamt für Geoinformation und Landentwicklung. Das Gebiet des Naturparks Schwarzwald Mitte/Nord wird durch vier Blätter abgedeckt:
Blatt 501: Baden-Baden – Murgtal – Albtal. ISBN: 978-3-89021-594-5
Blatt 502: Pforzheim – Enztal – Nagoldtal. ISBN: 978-3-89021-595-2
Blatt 503: Offenburg – Ortenau – Kinzigtal. ISBN: 978-3-89021-596-9
Blatt 504: Freudenstadt – Kniebis – Oberer Neckar. ISBN: 978-3-89021-597-6
Auch zum flächendeckenden Mountainbike-Netz im Naturpark ist spezielles Kartenmaterial mit Tourenvorschlägen in verschiedenen Schwierigkeitsgraden im Naturpark-Onlineshop unter www.naturparkschwarzwald.de erhältlich.

INFORMATIONEN ZU UNTERKÜNFTEN

Schwarzwald Tourismus GmbH
Hauptgeschäftsstelle:
Ludwigstraße 23
79104 Freiburg
Tel. 0761 / 896460
Fax 0761 / 8964670
mail@schwarzwald-tourismus.info
www.schwarzwald-tourismus.info

Morgenstimmung >

ERLEBNISTOUREN – WANDERN

Lage der Tour

TOP-TOUR

1. Durch den Urwald von morgen

Länge: ca. 11 Kilometer
Dauer: ca. 4 Stunden
Schwierigkeitsgrad: mittel
Wichtig: Bei stärkerem Wind oder Sturm darf der Bannwald auf keinen Fall betreten werden!
Wegzeichen: Rote und Gelbe Raute
Sesselliftbetrieb: ganzjährig (im Winter Schlepplift), Betriebszeiten wetterabhängig, meist jedoch 9.30–18 Uhr
Einkehr:
Ruhesteinschänke, Tel. 07449 / 91054,
Grenzstüble, Tel. 07449 / 603
(beide am Ruhestein),
Darmstädter Hütte, Tel. 07842 / 1088

Ein möglicher Ausgangspunkt dieser Tour ist das Naturschutzzentrum am Ruhestein (1) – siehe oben. Von dort aus gelangt man bequem per Sessel-Lift auf den Seekopf (2), wo uns das Wegzeichen der Roten Raute zunächst durch Grindenflächen führt: ausgedehnte, waldfreie Bergheiden und Moore, auf denen sich neben vielen anderen Tieren auch das Auerhuhn seines Daseins erfreut. Unser Weg führt uns bald an einem Grab (3) vorbei: Der aus Stuttgart stammende Julius Euting (1839–1913) war zu seiner Zeit einer der berühmtesten Forscher auf dem Gebiet der orientalischen

Sprachen. Doch daneben galt seine Liebe dem Schwarzwald, bei dessen touristischer Erschließung er federführend mitwirkte – so gab er z. B. eine der ersten Wanderkarten für den Bereich Kniebis-Hornisgrinde heraus. Wiewohl Euting Professor in Straßburg war, kehrte er, wann immer er Zeit und Muße fand, zum Seekopf zurück. Und äußerte den Wunsch, dereinst hier begraben zu werden – was schließlich auch geschah. Seine letzte Ruhestätte liegt am Wildseeblick – und damit haben wir unser Ziel schon vor Augen. Am Eutinggrab gabelt sich der Weg; wir entscheiden uns für die rechte Variante. Nach etwa 250 Metern halten wir uns wiederum rechts; nun geht es über einen recht steil abfallenden Fußpfad mitten in die faszinierende Natur des Bannwaldes Wildsee (4) – hier wurde seit 1911 kein Holz mehr geschlagen, sodass wir nun Bäume aller Generationen antreffen: vom kleinsten Keimling bis hin zum mächtigen Riesen. Nicht zu vergessen das Totholz, welches vielen Tieren wiederum Lebensraum bietet; unter anderem kann man hier mit ein wenig Glück dem seltenen Dreizehenspecht begegnen. Auch an Insekten und Pilzen ist dieser Bannwald äußerst reich – wiewohl sich die Vielfalt seines Lebens nicht unbedingt auf den ersten Blick erschließt. So lohnt es sich aber, die Sinne diesem Stück ursprünglicher Natur geduldig zu öffnen.

Nachdem man die Karwand herabgeschritten ist, erreicht man schließlich den See (5) selbst – welcher es in Sachen Artenreichtum freilich nicht mit dem ihn umgebenden Wald aufnehmen kann. Allerdings bietet er einen hinreißend schönen Anblick, insbesondere wenn sich am frühen Morgen die Karwand in ihm spiegelt. Am Nordufer des Wildsees erstreckt sich ein Wanderweg, der schließlich (immer noch mit dem Zeichen der Gelben Raute) weiter ins Tal der Schönmünz führt; wir aber wenden uns und steigen den Karwandpfad wieder herauf, halten uns rechts und erreichen wieder den Weg mit der Roten Raute. Dieser führt uns dann direkt zur Darmstädter Hütte (6) – eine gemütliche Vesperstube, in der man sich für den Rückweg stärken kann. Nach der Pause folgen wir der Roten Raute Richtung Ruhestein und erreichen wieder unseren Ausgangspunkt.

ERLEBNISTOUREN – NORDIC WALKING

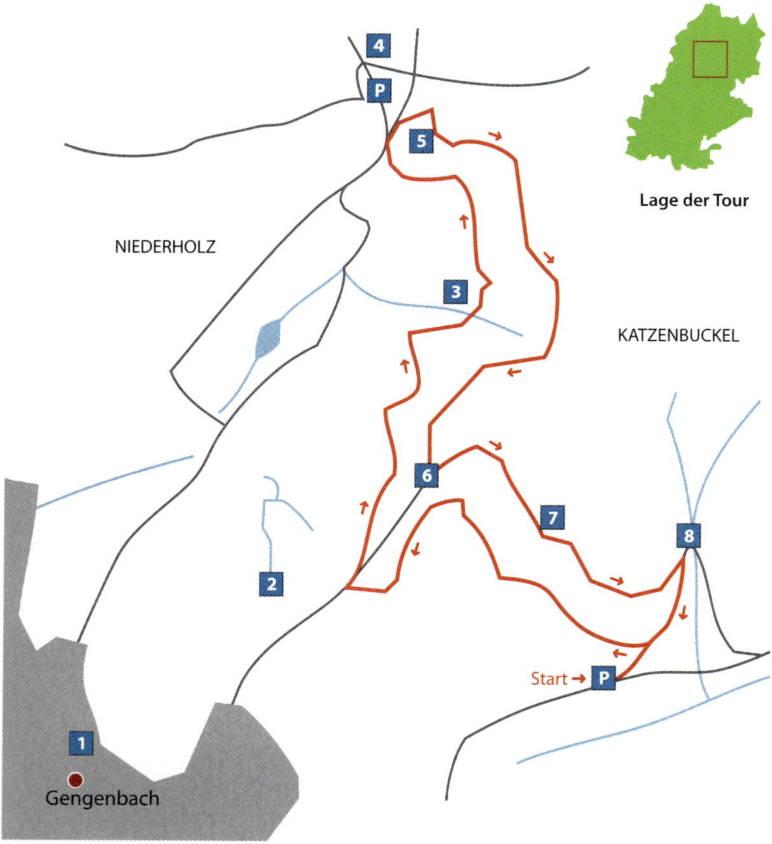

2. Vom Mattenhof nach Santis Claus

Länge: 5 Kilometer
Höhe Startpunkt: 245 Meter
Höchster Streckenpunkt: 302 Meter
Tiefster Streckenpunkt: 223 Meter
Gesamtanstieg: 270 Meter
Schwierigkeitsgrad: mittel
Wegzeichen: gelbes rundes Schild mit blauem Walker
Einkehr: in Gengenbach

Der Naturpark Schwarzwald Mitte/Nord bezeichnet sich freimütig als die „Nordic-Walking-Region Nr.1“ – und hat wahrlich guten Grund dazu, tut man doch einiges dafür, dass die Freunde des stockschwingenden Wanderns hier voll auf ihre Kosten kommen. So gibt es 200 Strecken, die summa 1.600 Kilometer messen und durch 35 Gemeinden laufen, sie sind übrigens einheitlich ausgeschildert. Einstiegstafeln erteilen jeweils Auskunft über Länge, Höhenprofil und Schwierigkeitsgrad, Pulsmesstafeln geben Hinweise zum korrekten Pulsmessen, einer angemessenen Nordic-Walking-Geschwindigkeit und empfohlenen Stretchingübungen. Schließlich kann der Nordic Walker noch auf eine umfassende Flyer-Edition (zu haben im Naturparkhaus) sowie das Erlebnis-Portal der Naturpark-Website zurückgreifen, wo eine Vielzahl von pdf's bereitsteht.

Aus dem bunten Strauß all dieser Touren sei hier eine der schönsten herausgegriffen: Ausgangspunkt ist das hübsche Gengenbach (1) im Ortenaukreis, dessen romantisches Fachwerk-Ensemble mit all seinen Türmen und Toren eh schon einen Ausflug wert ist; nicht von ungefähr wird die ehemalige Reichsstadt auch „Badisch Nizza" genannt. Vom Waldparkplatz Mattenhof aus geht es zunächst nach Westen zur Wolfslache (2), von hier aus, vorbei am Schäublebrunnen (3), gen Norden in Richtung des Festplatzes Santis Claus (4). Nach einem kleinen Stückchen Asphaltwegs erreicht man die Pulsmesstafel, wenige Meter weiter wartet die Wassertretstelle (5). Nun geht es mit einer leichten Steigung auf den Buchrain, von dort führt der Weg vorbei an der Scheffeleiche (6), der Sommerwaldhütte (7) und dem Steingräblebrunnen (8), wo sich eine zweite Wassertretstelle bietet, zurück zum Wanderparkplatz.

Ein Paradies für Nordic Walker

ERLEBNISTOUREN – MOUNTAINBIKING

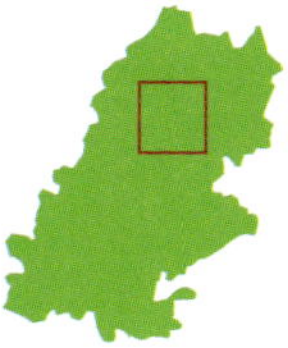

Lage der Tour

3. Die Moorpackung

Länge: 53 Kilometer
Höhe Start/Ziel: 605 Meter
Höchster Punkt: 988 Meter
Tiefster Punkt: 534 Meter
Gesamtanstieg: 949 Meter
Schwierigkeit: schwer
Beschilderung: gelbes quadratisches Schild mit blauem Biker
Einkehr: Restaurant Poppelmühle, Mühleweg 11,
75337 Enzklösterle-Poppeltal
Tel. 07085 / 7870, Fax 07085 / 1697
www.poppel-muehle.de

Was braucht der Mountain-Biker, um glücklich zu sein? Nun, wie sein Name schon sagt: Berge – die Herausforderung eines mächtigen Anstiegs, den Rausch einer steilen Abfahrt. Zudem freut er sich, hier und da seine Technik auf einem anspruchsvollen Single-Trail ausspielen zu können, und freilich, last but not least, möchte er unterwegs eine ebenso abwechslungsreiche wie schöne Landschaft genießen. All dieses hat der Naturpark überreichlich zu bieten, und mehr noch: Die Verantwortlichen haben ein Herz für jene, die den Wald gerne etwas dynamischer erkunden. So bietet man den Bikern eine Vielzahl von Strecken: ausgewählte Rundkurse, welche man übrigens auch als GPS-Routen übers Internet downloaden kann – ein perfekter Service! Der gesamte Park ist ein Biker-Dorado, ist er doch nahezu komplett mit ausgeschilderten Trails versehen. Als Beispiel sei hier eine besonders schöne Tour vorgestellt:

Start/Ziel ist Enzklösterle (1), ein lauschiger Luftkurort im Enztal, Landkreis Calw, per Bus von Bad Wildbad und Freudenstadt aus zu erreichen. Von der Tourist-Info aus geht es in Richtung des Ortsteils Nonnenmiss, dann weiter nordöstlich an der Großen Enz entlang, bis die Tour-Route einen Rechtsknick beschreibt. Nun folgt ein Teilstück in südwestlicher Richtung, es geht vorbei an den Weilern Gompelscheuer und Poppeltal sowie am Poppelsee (2), von dort aus hält man sich zunächst westlich, dann nördlich, wo es vorbei an der Schutzhütte Toter Mann (3) durch das Hochmoor Kaltenbronn geht. Bald ist der Hochlohturm (4) erreicht, von welchem sich, das rechte Wetter vorausgesetzt, eine fantastische Fernsicht bietet. Nun führt die Route Richtung Osten; nach einer Rechtskehre rollt man wieder auf Nonnenmiss zu, von wo aus man schließlich zurück zum Ausgangspunkt gelangt.

Mit dem Mountainbike aktiv

ERLEBNISTOUREN – WANDERN

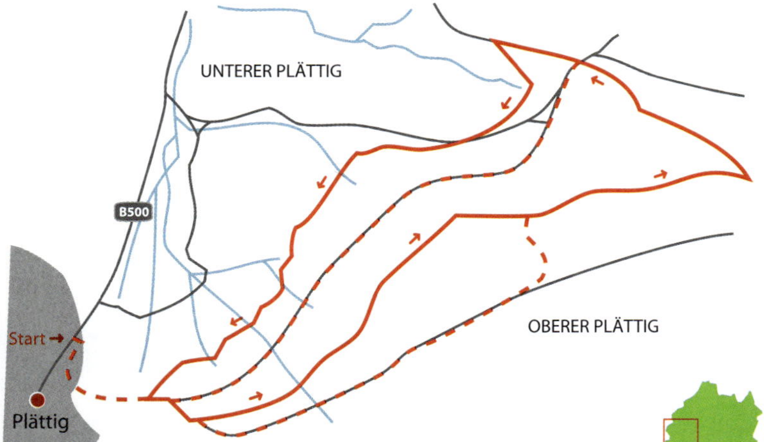

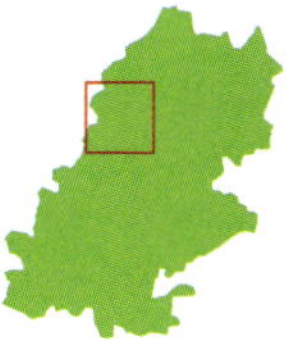

Lage der Tour

4. Wildnispfad: Eine Wunde verheilt

Ausgangspunkt ist Plättig, dort befindet sich ein Info-Stern; Anfahrt über die Schwarzwaldhochstraße B 500, von Baden-Baden aus etwa 15 Kilometer, vom Mummelsee aus über Sand ca. 12 Kilometer; zwischen Mummelsee und Baden-Baden verkehrt auch ein Bus, der nahe des Info-Sterns hält.
Länge: ca. 4,5 Kilometer, Abkürzungen sind möglich (und beschildert)
Dauer: 2 Stunden (ganze Strecke)
Schwierigkeitsgrad: anspruchsvoll; ein schmaler Pfad, mitunter nicht leicht zu begehen: Trittsteine, Pfützen, umgestürzte Bäume, Treppen und manch andere Hindernisse
Voraussetzungen: körperliche Fitness, festes Schuhwerk, stabile Kleidung. Bei Wind oder Schnee darf der Pfad nicht begangen werden!
Einkehr: in der Nähe Gasthaus Schwanenwasen und Hotel Plättig, beide Schwarzwaldhochstraße, Bühl; Waldgasthaus Kohlbergwiese, Kohlbergstraße 4, Bühl; Bergwaldhütte Sand, Stadtwald 2a, Bühl/Sand

Am Zweiten Weihnachtsfeiertag 1999 wurde der Schwarzwald von einer Wetter-Katastrophe heimgesucht. Das Windmessgerät auf dem Feldberg registrierte zuletzt noch eine Geschwindigkeit von 212 km/h – bevor der Orkan Lothar es zerstörte. Auf dem Wendelstein maß man kurzfristig gar 259 km/h. Die Folge: schwerste Schäden für die Waldwirt-

Erlebnistour auf dem Wildnispfad

schaft; gerade im Gebiet des späteren Naturparks warf der Sturm ganze Wälder nieder. Eine Katastrophe dort, wo der Mensch den Wald kultiviert, um ihn zu nutzen. Doch vom Standpunkt der Natur betrachtet, nichts anderes als ein Wendepunkt im Zyklus des ewigen Werdens und Vergehens. Zwischen Oberem und Unterem Plättig gedieh vor Lothar noch ein rund hundert Jahre alter naturnaher Bergmischwald – große Baumveteranen neben zarten Jungbäumchen. Durch diese Idylle fuhr der Orkan. Die wenigen Minuten seiner Urgewalt reichten aus, den Wald in großen Teilen niederzuwerfen.

Normalerweise geht man dort, wo der Wald vom Menschen gestaltet wird, in Folge solcher Ereignisse daran, die Schäden zu beseitigen und das Gebiet aufzuforsten. Nicht jedoch hier: Die Verantwortlichen beschlossen, ein Areal von etwa 70 Hektar so zu belassen, wie es der Orkan verlassen hat. Und so erlebt man hier etwas absolut Faszinierendes: Man schaut zu, wie der Wald seine Wunde heilt, wie Pionierpflanzen wieder Wurzeln schlagen, wie geknickte Bäume erneut kleine Äste austreiben, wie Totholz zum Lebensraum für Pilze und Tiere wird, wie Bächlein ihren Lauf verändern. Die Verantwortlichen haben nur behutsam in die neu entstandene Wildnis eingegriffen, und wenn, dann allein um das Naturerlebnis zu intensivieren – so gibt es z. B. einen Buchendom, in dem man liegend dem Rauschen der Blätter lauschen kann, einen Adlerhorst, der es den Mutigen gestattet, auf Baumkronenhöhe zu klettern, einen Wollsackfelsen, von dessen Spitze man auf die Landschaft herabschaut. Zweifelsohne erhält man hier, anders als dort, wo der Mensch die Natur seinen Bedürfnissen unterworfen hat, einen wahren Begriff dessen, was Leben ist – freilich nicht vom sicheren Logenplatz aus: Liegendes Totholz, Wurzeln und Steine sind mitunter rutschig, von stehendem Totholz können unerwartet Äste herabfallen, auch kann es gänzlich umknicken, Bruchstellen von Ästen sind oft scharfkantig – Sie begehen den Weg auf eigenes Risiko.

FREIZEIT & ERHOLUNG

Europapark Rust
Nach eigenen Angaben zählte das Familienunternehmen im Jahr 2005 insgesamt 3,9 Millionen Besucher – damit kann sich der Europapark rühmen, der größte Freizeitpark Deutschlands zu sein. Wenn man nur die saisonal geöffneten Einrichtungen betrachtet, ist er gar der größte der Welt. Zudem hat ihn das Wirtschaftsmagazin Forbes zu den zehn besten Themenparks des Planeten erkoren. Allerhand Lorbeeren für die Fun-Welt zwischen Offenburg und Freiburg. Die man sich allerdings auch redlich verdient hat: Ob Fahrgeschäfte wie die Silverstar-Achterbahn (selbstverständlich Europas größte und höchste), ob die aufwändig gestalteten Länderbereiche (hier tritt man eine Reise durch Europa an) – man tut einiges dafür, dass der Besucher aus den „Ah's!" und „Oh's!" nicht herauskommt. Freilich ist das Vergnügen, gerade für etwas größere Familien, auch nicht gerade billig.

Informationen
Info-Line: 01805 / 776688
Ticket-Line: 01805 / 788997
Kino-Hotline: 01805 / 776696
Hotel-Hotline: 01805 / 868620
www.europapark.de

Freizeitpark Hardt
Kleiner, schlichter, intimer und preiswerter fällt der Freizeitpark Hardt aus: Man präsentiert zwei große Modelleisenbahnen, eine Ausstellung von 200 präparierten Tieren, mehr als 25 Krippen, einen Spielplatz mit Springburg und Parkeisenbahn, Pit-Pat (eine Kombination aus Billard und Minigolf), Bahnenfußball (Fußball meets Minigolf) sowie Minigolf selbst.

Informationen
Pfarrer-Langenbacher-Straße 22
78739 Hardt
Tel. 07422 / 3725
Fax 07422 / 244829
www.freizeitpark-hardt.de

Öffnungszeiten
Sommersaison:
Park täglich 10–18 Uhr;
Minigolf täglich 10–22 Uhr
(montags nur bis 19 Uhr);
Pit-Pat-Halle täglich 10–22 Uhr
(montags nur bis 19 Uhr)
Wintersaison:
Ausstellungen dienstags bis sonntags
10–18 Uhr;
Pit-Pat-Halle dienstags bis sonntags
10–22 Uhr

Herbstwald

LEIB & SEELE

Regional genießen

Dort, wo der Weltstil überhand nimmt, wo man allerorten eingeflogene, schlimmer noch: eingedoste Lebensmittel aus aller Herren Länder verzehrt, geht eines verloren – die Echtheit. Gut mutet es dagegen doch an, wenn sich Gastronomen einer Region auf das Eigene verlassen. Insbesondere wenn die Bauern jener Region solche Köstlichkeiten einbringen wie die des Schwarzwalds.

Und die Gastronomen jener Region eine solch hohe Kochkunst pflegen wie jene zwischen Rhein und Neckar. So haben sich Gastwirte und Hoteliers 2006 in einem Verein zusammengefunden; ihre Ziele lassen sich mit drei Worten definieren: Saisonalität, Regionalität, Qualität. „Schmeck den Schwarzwald" heißt ihr Slogan; auf den Karten der **Naturpark-Wirte** finden sich mindestens drei regionale Gerichte, deren Zutaten ausschließlich dem Naturpark entstammen.

Alle Adressen der Naturpark-Wirte finden Sie unter:
www.naturparkschwarzwald.de

Regionalmarke echt Schwarzwald

Im Naturpark gibt es die Regionalmarke echt Schwarzwald. echt Schwarzwald steht für gute, gesunde und naturverträglich produzierte Lebensmittel aus den beiden Schwarzwälder Naturparken. Die Produktionsvorgaben sind streng auf artgerechte Tierhaltung und regionale Herkunft aus diesen Naturparken ausgerichtet. Dazu wird großen Wert auf traditionelle Herstellungsmethoden gelegt. Der Produktkorb beinhaltet neben Rindfleisch auch Schaf- und Ziegenfleisch sowie Honig und edle Brände und Liköre.

Informationen
www.echt-schwarzwald.de

echt Schwarzwald
Qualität und Genuss

Naturpark-Märkte und Brunch auf dem Bauernhof

Probieren sie unsere regionalen Spezialitäten: schauen Sie am ersten Wochenende im August beim Brunch auf dem Bauernhof vorbei! Bei würzigem Käse, frischem Holzofenbrot und Säften von Streuobstwiesen bieten die Höfe ihren Gästen Einblicke in den Zusammenhang zwischen heimischen Produkten, Landwirtschaft und dem Erhalt der Schwarzwälder Kulturlandschaft

Oder besuchen Sie unsere zahlreichen Naturpark-Märkte, die immer zwischen März und Oktober eines jeden Jahres stattfinden. Sie sind ein wahres Schaufenster regionaler Genüsse! Neben den Verkaufsständen wird den Besuchern auf vielen Märkten ein buntes Rahmenprogramm geboten, bei dem auch die Kleinen bei Mitmachaktionen wie Apfelsaftpressen, Pony-Reiten oder Kürbisse schnitzen, auf ihre Kosten kommen.

Mit einem Klick zum Regionalvermarkter

Und wenn Sie die Schwarzwälder Erzeugnisse direkt vom Hof mit in die heimische Küche nehmen möchten, werden Sie bei uns fündig: in unserer Regionalvermarkterdatenbank kann man nach vielen verschiedenen regionalen Produkten, vom Honig über saisonales Obst bis hin zu Fleisch- und Wurstspezialitäten, vom Erzeuger „um die Ecke“ suchen.

„Landschaftspflege mit Messer und Gabel“ lautet das Motto und damit unterstützen Sie die Erhaltung unserer Schwarzwaldlandschaft!

Weitere Infos und Termine finden Sie unter:
www.naturparkschwarzwald.de

Regionale Küche auf dem Schliffkopf

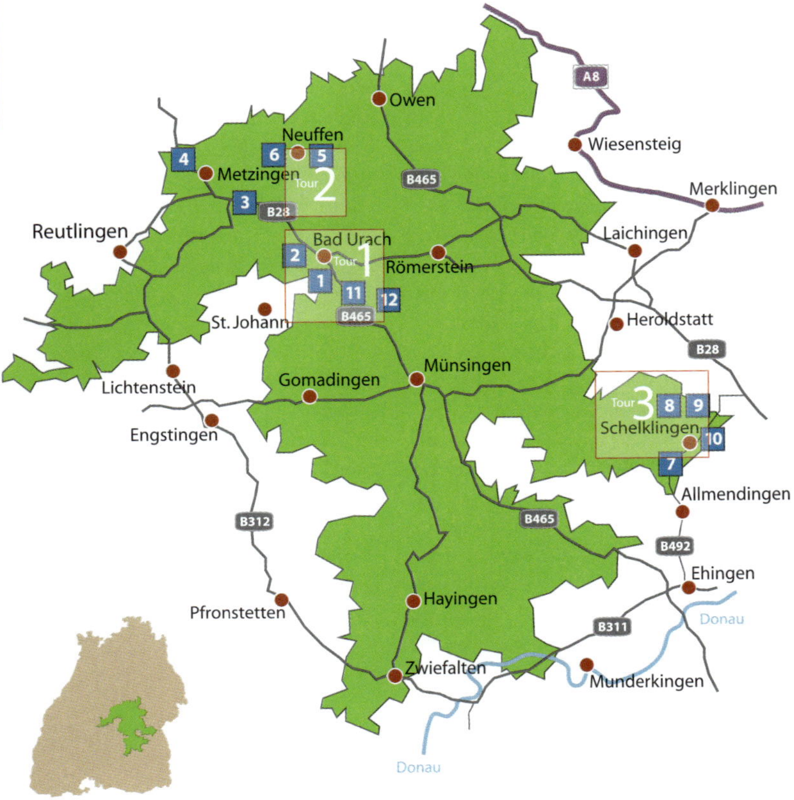

Lage in Baden-Würtemberg

Erlebnistouren

Tour 1: Radwandern – Der Ermstal-Obst-Radweg (TOP -TOUR)

Tour 2: Wandern – Von Neuffen auf die Burg

Tour 3: Wandern – Wandern entlang der Ur-Donau

Tour 4: Wandern – Ausblicke vom „Mörderschlössle"

Sehenswürdigkeiten

1. Uracher Wasserfall
2. Der Runde Berg bei Bach Urach
3. Der Kirschenweg
4. Obstlehrpfad
5. Die Burg Hohen Neuffen
6. Historischer Ortskern
7. Das Urspringtal
8. Der Achtopf
9. Das Kloster Urspring
10. Hohenschelklingen
11. Die Burg Hohenwittlingen
12. Das „Mörderschlössle"

Das ausgedehnte Wegenetz entlang der zahlreichen Streuobstwiesen der Schwäbischen Alb ist ideal für Wanderungen und Radtouren.

Biosphärengebiet Schwäbische Alb

Rund 50 Kilometer südöstlich von Baden-Württembergs Landeshauptstadt Stuttgart liegt das Biosphärengebiet Schwäbische Alb.

Auf einer Nord-Süd-Ausdehnung von circa 40 Kilometern erstreckt sich das landschaftlich reizvolle Gebiet auf einer mehr als 85.000 Hektar großen Fläche. Beginnend im Albvorland mit seinen traditionellen Streuobstwiesen, führt es über die dichtgrünen Hang- und Schluchtwälder des steil aufsteigenden Albtraufs zur Albhochfläche und endet schließlich an den Ufern der Donau.

Einzigartige Kulturlandschaft

Die Schwäbische Alb ist ein noch recht junges Biosphärengebiet. 2008 wurde es auf Grundlage des Baden-Württembergischen Naturschutzgesetzes von 2006 eingerichtet. Ein Jahr später, 2009, adelte die UNESCO das Biosphärengebiet wegen seiner einzigartigen Kulturlandschaft gar als offizielles Biosphärenreservat. Die internationale Organisation würdigte damit die enge Verflechtung von dicht besiedelten, industriell geprägten Ballungsräumen und geschützten Naturoasen, kulturhistorischen Besonderheiten und geologischen Höhepunkten, und sie gewährte der Schwäbischen Alb somit Zutritt in einen erlesenen Kreis von Biosphärenreservaten, von denen es 15 in Deutschland und weltweit rund 500 gibt. Von nun an konnte die Schwäbische Alb in einem Atemzug mit der Serengeti, den Hawaii-Inseln und dem Yellowstone Nationalpark genannt werden.

Der ehemalige Truppenübungsplatz in Münsingen:
Wo einst Kriegsführung simuliert wurde, weiden heute die Schafe.

Immer größere Kreise

Ausgangspunkt der Planungen, das Biosphärengebiet Schwäbische Alb einzurichten, war die Schließung des Truppenübungsplatzes in Münsingen. In dem ehemaligen Sperrgebiet, wo seit 1895 mit schwerem Gerät und scharfer Munition Kriegsführung simuliert wurde, sollten fortan Erholungssuchende und Naturfreunde über die sanft geschwungenen, waldbedeckten Kuppen und weiten Grasflächen wandern und dabei mit etwas Glück Arten wie dem Steinschmätzer, der Heidelerche oder dem raren Braunkehlchen begegnen.

Die angrenzenden Städte und Gemeinden Bad Urach, Münsingen und Römerstein im Landkreis Reutlingen waren die Ersten, die an der Entstehung des Biosphärengebiets mitwirken wollten. Doch bald schon zog das Projekt immer größere Kreise und so beteiligten sich auch die Nachbarn der weiträumigeren Region daran.

Die Beteiligten ziehen gemeinsam an einem Strang, um die Schönheit der Schwäbischen Alb auch langfristig zu erhalten. Sie sichern mit ihrem Engagement den Lebensraum vieler Arten, die in den neu geschaffenen Schutzzonen heimisch sind – und sie sorgen dafür, dass erholungssuchende Naturbeobachter deren Schönheit noch möglichst lange genießen können.

Beeindruckende Tierwelt

Wer mit offenen Augen durch die Wälder streift, kann mit etwas Glück diverse Eulenarten entdecken. Nicht unwahrscheinlich, dass aus dem Wald der unverkennbare Ruf des Uhus erklingt. Und wenn dann noch ein gleichmäßiges Klopfen aus dem Dickicht zu hören ist, hat wohl der Schwarzspecht seine Arbeit aufgenommen. Ein Höhepunkt bei einem Besuch der Schwäbischen Alb ist sicherlich auch die Beobachtung von Greifvögeln im freien Flug, etwa wenn Rotmilan oder Wanderfalke auf die Beutejagd gehen. Wenn es dunkel wird, sind besonders die Streuobstwiesen, auf denen tagsüber zahlreiche Schmetterlingsarten wie Schwalbenschwanz und Schwarzer Apollo gesichtet werden können, gute Beobachtungsflächen für zahlreiche Fledermausarten. Hier flattert zum Beispiel der Große Abendsegler durch die Dämmerung. Auf Wanderwegen entlang von Bächen, Flüssen und sonstigen Wasserflächen lassen sich zuweilen putzige Biber beobachten. Nehmen Sie Platz, und beobachten Sie die Nager beim Spiel, aber vernachlässigen Sie dabei nicht den Blick für Details – vielleicht krabbelt ja gerade ein interessanter Käfer, etwa der unverwechselbare Alpenbock, auf ihre Picknick-Decke.

Das Dorf Gruorn

Das Dorf Gruorn, nördlich von Münsingen gelegen, existiert heute nicht mehr. Als 1937 die West-Erweiterung des Truppenübungsplatzes, auf dem zu militärischen Hochzeiten bis zu 15.000 Menschen untergebracht waren, anstand, wurden die 650 Bewohner kurzerhand umgesiedelt. Ein Besuch in Gruorn ist daher auch gewissermaßen eine Zeitreise in die Vergangenheit, denn historische Zeugnisse der alten Gemeinde sind noch zu besichtigen, etwa die mittelalterliche Stephanuskirche, das Schulhaus aus Kalktuff sowie einige Grundmauern der alten Bauernhäuser. Ehemalige Bewohner und deren Nachkommen kümmern sich bis heute darum, dass die Überreste von Gruorn für die Nachwelt erhalten bleiben.

Ehemalige Bewohner und deren Nachkommen engagieren sich für den Erhalt des „Geisterdorfs“ Gruorn.

Früher die Heimat von Panzern, heute von Schafen

Das Herz des Biosphärengebiets ist der ehemalige Truppenübungsplatz Münsingen – eine urtümliche Landschaft wie aus einer anderen Zeit, an der die vergangenen 100 Jahre scheinbar spurlos vorübergezogen zu sein scheinen. Still ist es, friedlich, und weit schweift der Blick über die Landschaft. Gehölzgruppen, vereinzelte Bäume und Sträucher, die dem Wald vorgelagert sind, wirken wie eingestreut in die weitläufige Kulisse. Die 6.700 Hektar Offenland sind heute Heimat und Weidefläche für etwa 30.000 Schafe, die von traditionell arbeitenden Schäfern gehütet werden. Die Anwesenheit der Wolltiere sorgt für eine weitere Förderung der Biotopvielfalt. Aufgrund ihres selektiven Verbisses – auch Schafen schmeckt halt nicht alles, was wächst – entstehen zum Beispiel Wacholder- und Kalkmagerweiden, auf denen Feldthymian, Echtes Labkraut und Wilder Majoran sprießen können. Auch seltene Pflanzen wie Frühlingsenzian und Mond-Raute haben hier ihren Lebensraum gefunden. Sorgte die lange währende Anwesenheit des Militärs zwar dafür, dass das Areal von Siedlungs- und Straßenbau, Flurbereinigung und intensiver Landwirtschaft weitgehend verschont blieb, hinterließen die schweren Kriegsmaschinen dennoch ihre Spuren. Es entstanden vegetationsarme Flächen, die heute zu einem Lebensraum (nicht nur) für den seltenen Gebirgsgrashüpfer wurden.

Der ehemalige Truppenübungsplatz ist Heimat und Weidefläche für etwa 30.000 Schafe, die von traditionell arbeitenden Schäfern gehütet werden.

Das schwere Gewicht der Kettenfahrzeuge bewirkte obendrein eine stellenweise Verdichtung der Geländeoberfläche, so dass Regenwasser an diesen Stellen nicht mehr komplett versickern konnte. Mit der Zeit entstanden kleine Tümpel, die heute Lebensraum für viele Pflanzen- und Tierarten sind, darunter auch bedrohte Amphibien wie die Kreuzkröte oder auch die Plattbauchlibelle.

Erkunden können Besucher das ehemalige Truppenübungsgelände auf ausgewiesenen Wanderwegen, die sich auf insgesamt mehr als 45 Kilometern erstrecken. Diese dürfen jedoch aus Naturschutzgründen und wegen der möglichen Gefahr durch Munitionsreste keinesfalls verlassen werden. Wer seinen Blick dennoch weiter schweifen lassen möchte, kann die vier Aussichtstürme des Schwäbischen Albvereins, zwischen acht und 42 Meter Höhe, erklimmen und von oben das atemberaubende Panorama genießen.

Abenteuerlustige schließen sich den speziell geschulten Truppenübungsplatz-Guides an, die Besucher zu Fuß, mit dem Rad oder per Bus auf ausgewählten Sonder-Touren durchs Gelände führen und dabei in besonders urwüchsige Bereiche vordringen, die dem Wanderer, der auf eigene Faust unterwegs ist, ansonsten verborgen blieben.

Ein Tal zum Träumen

Wer das Biosphärengebiet Schwäbische Alb besucht, kommt um einen Abstecher in wenigstens eines der vielen Traumtäler nicht herum. Besonders im Frühjahr, wenn auf Wiesen und an Bachläufen zahllose Märzenbecher sprießen, lohnt ein Besuch im Wolfstal.

Hinreißend ist auch das Große Lautertal mit seinen wilden Wäldern, schroffen Felsen und beeindruckenden Burgen. Nirgends sonst in Baden-Württemberg können Besucher auf so kleinem Raum dermaßen viele der ehemaligen Ritterbehausungen erkunden. Man zählt hier nicht weniger als 20 Burgen und Burgstellen, außerdem noch zwei vorgeschichtliche befestigte Anlagen.

Entlang der Großen Lauter, die ausgehend von Gomadingen-Offenhausen gemächlich ihren Weg durch die Alb in Richtung Donau nimmt, gibt es für Besucher beim Wandern, Reiten, Radfahren oder beim Paddeln im Kanu einiges zu entdecken. Die Natur präsentiert sich im Lautertal abwechslungsreich; je nach Höhe und Himmelsrichtung wechseln die Biotoptypen. Im Tal gibt es typische Nasswiesen, ein Stück weiter folgen bildprägende Wacholderheiden, saftige Frischwiesen, tiefgrüner Flutrasen sowie Hochstaudengesellschaften. Dicht sind die Hanglagen mit Laubbäumen bewachsen. Während sich in tieferen Lagen vornehmlich Buchen ausgebreitet haben, verändert sich mit ansteigender Höhe auch die Vegetation. Schweift der Blick nach oben, lassen sich Steppenheidewälder mit Eiche und Felsenbirne beobachten.

Die Silberdistel ist in Deutschland gesetzlich geschützt und gehört zu den gefährdeten Arten – auf der Schwäbischen Alb ist sie zu entdecken.

Drei Zonen

Das Biosphärengebiet Schwäbische Alb gliedert sich in drei Zonen: Kernzone, Pflegezone und Entwicklungszone. Die Kernzonen (3%), die dem unbeeinflussten Naturzustand der Landschaft sehr nahe kommen sollen, sind wie kleine Inseln über das Biosphärengebiet verstreut. In der Pflegezone (42%) wird gemäß des Mottos „Schützen durch Nützen" schonende Landwirtschaft betrieben. In der Entwicklungszone (55%) steht der wirtschaftende Mensch im Vordergrund. So soll gezeigt werden, dass Menschen die Biosphäre nutzen können, ohne sie zu zerstören oder die Möglichkeiten zukünftiger Generationen zu gefährden.

< Neuland betreten: In Begleitung eines Truppenübungsplatz-Guides dürfen Wanderer zum Teil die markierten Wege verlassen

< *30 Meter hoch ist der Aussichtsturm „Heroldstatt" bei Ennabeuren. 1981 wurde die Stahlgitterkonstruktion erbaut.*

Schwäbischer Dschungel

Wald bedeckt rund 40 Prozent des Biosphärengebiets Schwäbische Alb. Besonders an den trockenen, sonnigen Schutthängen entlang des Albtraufs oder in den eher schattigen, feuchtkühlen Schluchten wächst jedoch ein einzigartiger Waldtyp heran, der einen deutlichen Kontrast zur sonst häufigen Rotbuchen-Prägung darstellt. Berg-Ahorn, Esche, Sommer-Linde und Berg-Ulme teilen sich hier an den Hängen, etwa im Lenninger Donntal, den gemeinsamen Lebensraum „Schluchtwald". Zwischen den Stämmen sprießen Märzenbecher, Türkenbund und Mondviole. Diese urigen Urwälder von Morgen sollen sich ohne menschliches Eingreifen völlig ungestört entwickeln können. Wildwuchs pur. Bäume werden alt, stürzen um und Neues wächst nach.

Zahllose Märzenbecher bedecken zur Blütezeit die fruchtbaren Böden des Wolfstals

Frühjahrszeit = Blütezeit

Zu den naturlandschaftlichen Hauptmerkmalen der Schwäbischen Alb gehören die Streuobstwiesen, die besonders den Norden des Biosphärengebiets in den Frühjahrsmonaten in ein wahres Blütenmeer verwandeln. In vielen Farben blendet die bunte Pracht der Landschaft rings um den Albtrauffuß und in weiten Teilen des Vorlands das Auge des Betrachters. In den Genuss eines herrlichen Ausblicks auf das Naturschauspiel kommen Besucher, wenn sie die 76 Stufen erklommen haben, die auf den Aussichts-Turm der erstmals im Jahre 1152 erwähnten Burg Teck führen.

Doch die Streuobstwiesen sind nicht nur schön anzusehen, sie haben auch einen ganz praktischen Nutzen. In der Vergangenheit und auch heute wissen die Menschen auf der Schwäbischen Alb nämlich von den fruchtbaren Wiesen zu profitieren. Sie liefern ihnen Obst, Heu fürs Vieh und reichlich Mostobst, das sie als Rohstoff für regionstypische Schnäpse und Obstbrände nutzen. Unter den Bäumen wachsen zudem äußerst artenreiche Pflanzengemeinschaften heran. Auf Glatthaferwiesen und Magerrasen finden sich Wiesensalbei, Flockenblumen, Glockenblumen und Klappertopf. Rund 1.000 verschiedene Tierarten haben hier ihre Heimat. Darunter seltene Vogelarten wie Steinkauz, Wendehals und Neuntöter, aber auch Siebenschläfer und Fledermäuse.

Zu jeder Jahreszeit ein beliebtes Ausflugsziel: die Burg Teck auf dem Teckberg am Albtrauf

INFORMATIONEN

Geschäftsstelle Biosphärengebiet Schwäbische Alb am Regierungspräsidium Tübingen
Von der Osten Straße 4,6
(Altes Lager) 72525 Münsingen-Auingen
Tel. 07381 / 93293810
biosphaerengebiet@rpt.bwl.de
www.biosphaerengebiet-alb.de

EINRICHTUNGEN DER UMWELTBILDUNG

BIOSPHÄRENZENTRUM SCHWÄBISCHE ALB

In zwei aufwändig renovierten Gebäuden des Alten Lagers in Münsingen erfahren Besucher auf insgesamt 450 Quadratmetern alles Wissenswerte über das Biosphärengebiet Schwäbische Alb. Die interaktive, multimediale Ausstellung informiert zudem über die übrigen Biosphärenreservate weltweit, die Geschichte des benachbarten ehemaligen Truppenübungsplatzes, die schwäbische Fauna und Flora, traditionelles Handwerk wie die Schafzucht oder die Imkerei sowie die wechselseitige Existenz von urbanem und ländlichem Raum. Darüber hinaus ist ein Besuch des erst im Oktober 2010 eröffneten Biosphärenzentrums eine hervorragende Gelegenheit mit den Menschen, die in der Region beheimatet sind, ins Gespräch über ihre Arbeit und ihre Leidenschaft für Tiere und Pflanzen zu kommen.

Nicht zu verfehlen ist die Informationsstelle im Alten Lager in Münsingen.

Informationen
Biosphärenzentrum Schwäbische Alb
Von der Osten Straße 4,6
72525 Münsingen
Tel. 07381 / 93293831
Fax 07381 / 93293815
biosphaerenzentrum@rpt.bwl.de
www.biosphaerenzentrum-alb.de
Öffnungszeiten
April bis Oktober: Mi–Mo 10–18 Uhr,
Nov. bis März: Mi–Mo 10–16 Uhr;
dienstags geschlossen.

SCHERTELSHÖHLE WESTERHEIM

Die 212 Meter lange Schertelshöhle, mit ihren Tropfsteinen und Sinterbildungen eine beeindruckende Schauhöhle, liegt rund drei Kilometer außerhalb von Westerheim. Beim Höhleneingang führt das sogenannte „Kuhloch" 24 Meter in die Tiefe. In den Anfangsjahren nach der Höhlenentdeckung 1820 war dieser Abstieg der einzige Zugang „unter Tage". Doch schon 1830 wurde die Höhle durch einen künstlichen Eingangsstollen für die Allgemeinheit zugänglich gemacht. Führungen, bei denen Besucher einiges über die Themen Geologie und Höhlen lernen können, dauern rund 25 Minuten.

Informationen
Höhlenverein Westerheim e.V.
Siedlungstraße 7, 72589 Westerheim
Tel. 07333 / 7845 oder 6406
Fax 07333 / 9228090
info@schertelshoehle.de
www.schertelshoehle.de

Öffnungszeiten
15. Mai bis 1. Oktober: werktags 10–17 Uhr, zwischen Palmsonntag und 15. November auch sonn- und feiertags 10–17 Uhr.

MÜNSINGER BAHNHOF

In der Dauerausstellung „Reiseziel Natur" im hübschen Münsinger Bahnhof, einem Zentrum für Natur, Umwelt und Tourismus, erhalten Besucher anschauliche Informationen über Landschaft, Menschen, Tiere und Pflanzen der Schwäbischen Alb. Der Schwerpunkt liegt dabei auf Informationen über generelle und regionsspezifische ökologische Zusammenhänge sowie über die Gefährdung und Schützbedürftigkeit der heimischen Lebensräume. Appetit anregen soll zudem ein Überblick der regionalen Küche sowie der Erzeugnisse aus den heimischen Wäldern. Und warum nicht mal die Natur aus ungewohnter Perspektive betrachten: Eisenbahnfreunde erhalten hier auch Fahrscheine für die sonn- und feiertags verkehrende Schwäbische Alb-Bahn.

Informationen
Münsinger Bahnhof
Bahnhofstraße 8, 72525 Münsingen
Tel. 07381 / 182145
touristinfo@muensingen.de
www.muensingen.de/servlet/PB/menu/1202438_11/index.html

Öffnungszeiten
Mai bis Oktober: Sonn- und Feiertage 10–17.30 Uhr

FREILICHTMUSEUM BEUREN

Wie naturverbunden die Menschen auf der Schwäbischen Alb in vergangenen Zeiten gelebt haben, können Besucher im Freilichtmuseum Beuren erfahren. Auf dem elf Hektar großen Museumsgelände finden sich über 20 Originalgebäude aus vergangenen Zeiten. Zudem wurden Museumsäcker, Hausgärten und Streuobstwiesen angelegt. Darüber hinaus wurden rund 350 Streuobstbäume gepflanzt, um die eng miteinander verknüpfte Geschichte von Bauen und Wohnen, Leben und Arbeiten in der Region sowie den Anbau alter Kulturpflanzen zu veranschaulichen. Über das Jahr verteilt locken außerdem rund 80 Sonderveranstaltun-

Der Bahnhof in Münsingen.

gen, etwa Oldtimertreffen, Schäfer-Tage oder das traditionelle Most-Fest in das Museumsdorf.

Informationen

Freilichtmuseum Beuren
Museum des Landkreises Esslingen für ländliche Kultur
In den Herbstwiesen, 72660 Beuren
Tel. 07025 / 911900, Fax 07025 / 9119010
info@freilichtmuseum-beuren.de
www.freilichtmuseum-beuren.de

Öffnungszeiten

April bis Nov.: Di–So, 9–18 Uhr, montags geschlossen

NATURSCHUTZZENTRUM SCHOPFLOCHER ALB

Als Informations- und Begegnungsstätte versteht sich die im Nordteil des Biosphärengebiets gelegene Umweltbildungseinrichtung „Naturschutzzentrum Schopflocher Alb". Zu sehen ist eine Dauerausstellung, die über Natur und Landschaft der Schwäbischen Alb sowie über Maßnahmen, diese zu schützen, informiert. Näher mit der Natur in Kontakt kommen Besucher bei bis zu 250 Veranstaltungen pro Jahr, dazu zählen Führungen, Vorträge, Tagungen oder Ausstellungen.

Informationen

Naturschutzzentrum Schopflocher Alb
Vogelloch 1, 73252 Lenningen-Schopfloch
Tel. 07026 / 950120, Fax 07026 / 9501210
info@naturschutzzentrum-schopfloch.de
www.naturschutzzentrum-schopfloch.de

Öffnungszeiten

Di-Fr 14–17 Uhr; April-August auch Sonntag 11–17 Uhr, September-März jeweils 1. Sonntag im Monat 11–17 Uhr.

UMWELTBILDUNGSZENTRUM LISTHOF

Natur- und Umweltschutz, Erneuerbare Energien, Stadtökologie, Land- und Forstwirtschaft sowie gesunde Ernährung – um diese Themen geht es im Umweltbildungszentrum Listhof, am Stadtrand von Reutlingen. Das Haus verfügt über Gruppenübernachtungs- und Seminarräume sowie einen Werk- und Laborraum. Im Außenbereich finden sich Lehrbiotope, Spiel- und Tierbereiche sowie ein Zeltplatz.

Informationen

Umweltbildungszentrum Listhof
Friedrich-List-Hof 1
72770 Reutlingen
Tel. 07121 / 270392
Fax 07121 / 209852
listhof@reutlingen.de
www.listhof-reutlingen.de

Öffnungszeiten

Mo, Di, Do je 8–16 Uhr, Mi und Fr 8–12 Uhr. Mai bis Oktober auch So 13–17 Uhr.

INFORMATIONEN ZU UNTERKÜNFTEN UND TOUREN

Kurverwaltung Bad Urach
Bei den Thermen 4
72574 Bad Urach
Tel. 07125 / 94320
info@badurach.de

Kurverwaltung Beuren
Am Thermalbad 5
72660 Beuren
Tel. 07025 / 910500
beuren@beuren.de

Tourist-Information Gomadingen
Marktplatz 2
72532 Gomadingen
Tel. 07385 / 969633
info@gomadingen.de

I-Punkt Metzingen
Am Lindenplatz
Tel. 07123 / 925326
M.Borchers@metzingen.de

Touristik Information Münsingen
Hauptstr. 13
72525 Münsingen
Tel. 07381 / 182145
touristinfo@muensingen.de

Stadtmarketing und Tourismus Reutlingen
Marktplatz 2
72764 Reutlingen
Tel. 07121 / 93935353
info@tourismus-reutlingen.de

Tourist-Information Zwiefalten
Marktplatz 3
88529 Zwiefalten
Tel. 07373 / 2050
info@zwiefalten.de

LITERATUR UND KARTEN

Günter Künkele (2008): „Naturerbe Biosphärengebiet Schwäbische Alb – Streifzüge durch eine außergewöhnliche Landschaft." Tübingen, Silberburg-Verlag. ISBN 978-3874077903.

Mit atemberaubenden Aufnahmen und kenntnisreichen Beschreibungen von Fauna, Flora und geologischen Phänomenen veranschaulicht der Fotograf und Autor Günter Künkele, warum die mittlere Schwäbische Alb mit dem Prädikat „UNESCO-Biosphärenreservat" ausgezeichnet wurde.

Günter Künkele (2006): „Naturerbe Truppenübungsplatz – Das Münsinger Hardt: Bilder einer einzigartigen Landschaft." Tübingen, Silberburg-Verlag. ISBN 978-3874077132.

Dieser Band bietet mit eindrucksvollen Fotos Einblick in das jahrzehntelang gesperrte Gelände des Truppenübungsplatzes Münsingen.

Landesamt für Geoinformation und Landentwicklung (2010): „Wanderkarte 1:50.000: Biosphärengebiet Schwäbische Alb." ISBN 978-3890216171.

ERLEBNISTOUREN – WANDERN

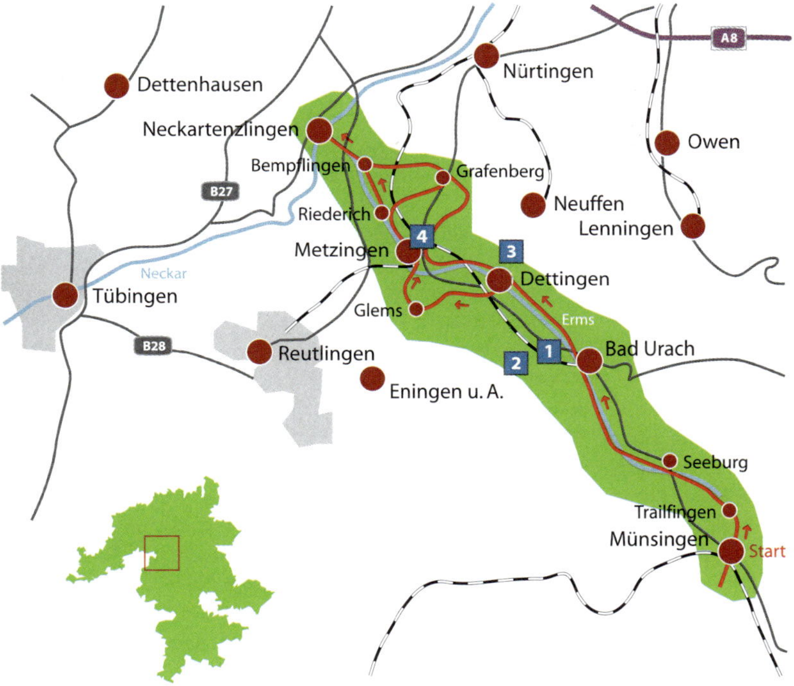

Lage der Tour

TOP-TOUR

1. Der Ermstal-Obst-Radweg

Start: Bahnhof Münsingen
Ziel: Neckartenzlingen
Länge: 65 Kilometer
Dauer: individuell. Tagesausflügler können den Rundweg an verschiedenen Stellen abkürzen oder zu Rundwegen kombinieren.
Schwierigkeitsgrad: leicht-mittel
Streckenverlauf: Münsingen – Trailfingen – Seeburg – Bad Urach – Dettingen – Metzingen – Riederich – Bempflingen – Neckartenzlingen

Tourenbeschreibung:
Von der Quelle der Erms bei Münsingen, bis zur Mündung bei Neckartenzlingen, verläuft der Ermstal-Obst-Radweg. Eine Fahrt durchs Ermstal ist besonders in den Frühjahrs- und Sommermonaten ein Erlebnis, wenn die Landschaft von einigen Hunderttausend Streuobstbäumen in ein faszinierendes Blütenmeer verwandelt wird. Am Wegesrand finden sich viele landwirtschaftliche Betriebe, die direkt ab Hof die Produkte des Tals, etwa Frucht-

säfte, edle Obstbrände oder Honig, verkaufen. Der Radweg ist direkt vor Ort ausgeschildert. Eine Radwanderkarte im Maßstab 1:35.000 ist bei der Gemeinde Dettingen/Erms erhältlich.

Informationen

www.dettingen-erms.de

Sehenswürdigkeiten

1. Uracher Wasserfall

Am Stadtrand von Bad Urach, im Maisental, befindet sich der Uracher Wasserfall, einer der wohl schönsten Wasserfälle der Schwäbischen Alb. In freiem Fall stürzt hier aus einer Karstquelle aus 37 Metern Höhe das Wasser in die Tiefe und fließt dann noch über eine Strecke von weiteren 50 Metern über ein steil abfallendes, grünbemoostes Kalktuffpolster hinab ins Tal.

2. Der Runde Berg bei Bach Urach

Oval ist er ja eigentlich, der „Runde Berg" (710 Meter ü.N.), der sich 2,5 Kilometer westlich von Bad Urach erhebt. Auf dem Plateau des Berges befanden sich mehrere vor- und frühgeschichtliche Höhensiedlungen, von denen heute allerdings nur noch Mauerreste erhalten sind. Von 1967 bis 1984 haben Archäologen zwei Befestigungsmauern ausgegraben. Schautafeln dokumentieren die Arbeit der Forscher.

3. Der Kirschenweg

In Dettingen können sich Besucher auf dem „Kirschenweg" an 13 Stationen über den Anbau der Kirschbäume sowie die Themen Geologie, Geschichte und Ökologie informieren. Von rund 100 Bäumen können zur Reifezeit (Juni–Juli) mehr als 50 verschiedene Sorten direkt vor Ort verkostet werden.

4. Obstlehrpfad

In Metzingen vermittelt der Obstlehrpfad Wissenswertes zu Geschichte und Anbau der im Ermstal kultivierten Obstsorten. Probieren ist während der Reifezeit ausdrücklich erlaubt. Wer noch mehr über die süßen Früchte erfahren möchte, hat zudem Gelegenheit sich das Obstbaumuseum in Metzingen-Glems anzusehen. Ebenfalls in Metzingen befindet sich ein Weinbaumuseum und ein Weinlehrpfad.

Immer ein Erlebnis sind Wanderausflüge und Spaziergänge in der felsenreichen Trailfinger Schlucht.

Der Uracher Wasserfall im Maisental zählt zu den Schönsten auf der Schwäbischen Alb.

ERLEBNISTOUREN – WANDERN

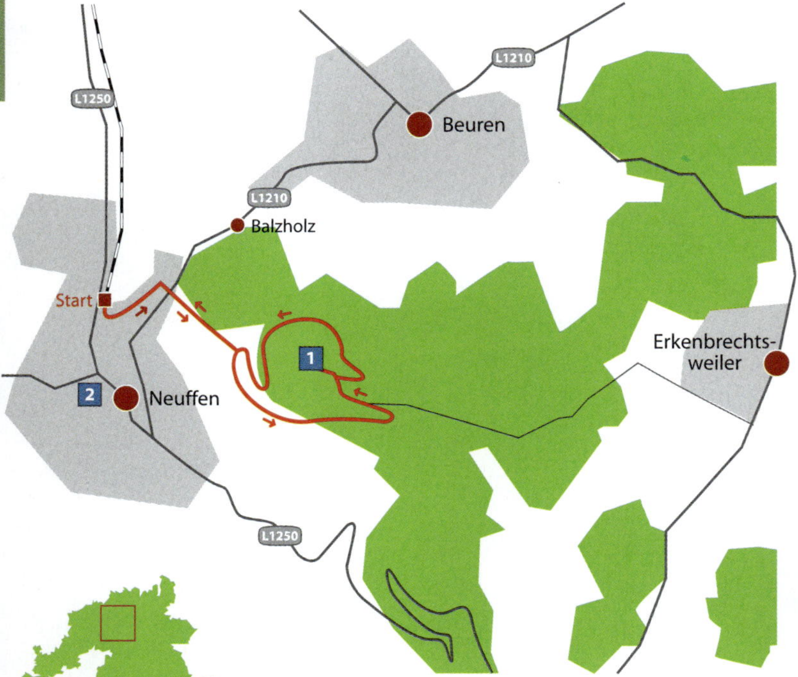

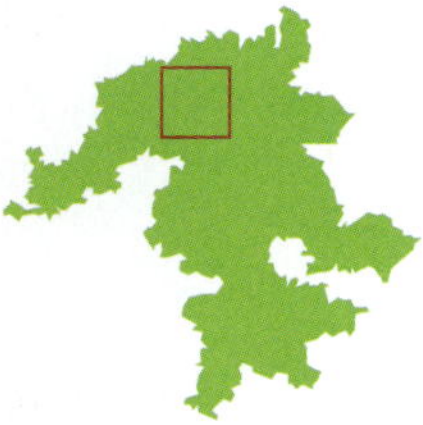

Lage der Tour

2. Von Neuffen auf die Burg

Start: Neuffen
Länge: 5 Kilometer
Dauer: ca. 1,5 Stunden
Schwierigkeitsgrad: leicht-mittel
Tourenbeschreibung:
Die größte Burgruine Süddeutschlands, die Burg Hohen Neuffen, ist 335 Meter über dem hübschen Städtchen Neuffen gelegen. Am besten erkunden lässt sie sich bei einer Wanderung, ausgehend vom Bahnhof im Ort. Über die alte Schlossallee, entlang des Waldrands, gelangen Wanderer zum Hohenneuffen-Forstweg, der dann in den Hohenneuffen-Nordweg abzweigt. Von nun an folgt man den blauen Dreiecken bis zur Burgruine.
Informationen
www.neuffen.de

Sehenswürdigkeiten

1. Die Burg Hohen Neuffen

Von der im frühen 12. Jahrhundert entstandenen Höhenburg ist heute noch eine beeindruckende Ruine erhalten. Erstmals urkundlich erwähnt wurde die Burg Hohen Neuffen im Jahre 1198. Damals befand sie sich noch im Besitz der Edelfreien von Neuffen. Ende des 13. Jahrhunderts ging sie an die Herren von Winsberg über, bevor es 1301 zum Verkauf an das Haus Württemberg kam. Im 15. und 16. Jahrhundert wurde die Burg immer weiter zu einer befestigten Anlage ausgebaut. Während des Dreißigjährigen Krieges wurde Hohen Neuffen über ein Jahr lang belagert, bevor die Burg schließlich an die kaiserlichen Truppen übergeben werden musste. Aus dieser Zeit stammt eine interessante Anekdote, die zwar nicht den historischen Tatsachen entspricht, aber klärt, warum der Esel als Maskottchen der Stadt Neuffen gilt. So heißt es, die Menschen auf der belagerten Burg hätten ihrem Esel die letzten Getreidereste, die sie noch hatten, als Futter gegeben. Dann schlachteten sie das Tier und warfen den gefüllten Magen ins Feindeslager. Die Belagerer glaubten dadurch, dass die Vorratskammern der Eingeschlossenen noch üppig gefüllt seien, brachen frustriert ihre Zelte ab und zogen von dannen. Das Ende der Nutzung der Burg setzte 1795 ein, bevor das Gemäuer 1801 endgültig zum Abriss freigegeben wurde. Erst ab 1830 wurde damit begonnen, den Erhalt der Überreste zu sichern. 1862 wurde im Gebäude am oberen Burghof eine Gaststätte eingerichtet. Heute können sich müde Wanderer dort in ritterlicher Atmosphäre oder draußen auf der Terrasse vom Aufstieg erholen.

2. Historischer Ortskern

Die Stadt Neuffen sollte niemand verlassen, bevor er nicht bei einem ausgedehnten Spaziergang den historischen Ortskern erkundet hat. Mit ein wenig Fantasie fühlen sich Besucher, wenn sie vor dem Rathaus, der Martinskirche oder auf dem Kelterplatz stehen, wieder wie im Mittelalter.

Der spektakuläre Ausblick, der sich Wanderern hier bietet, lässt die Mühen des Aufstiegs zur Burg Hohen Neuffen schnell vergessen.

ERLEBNISTOUREN – RADWANDERN

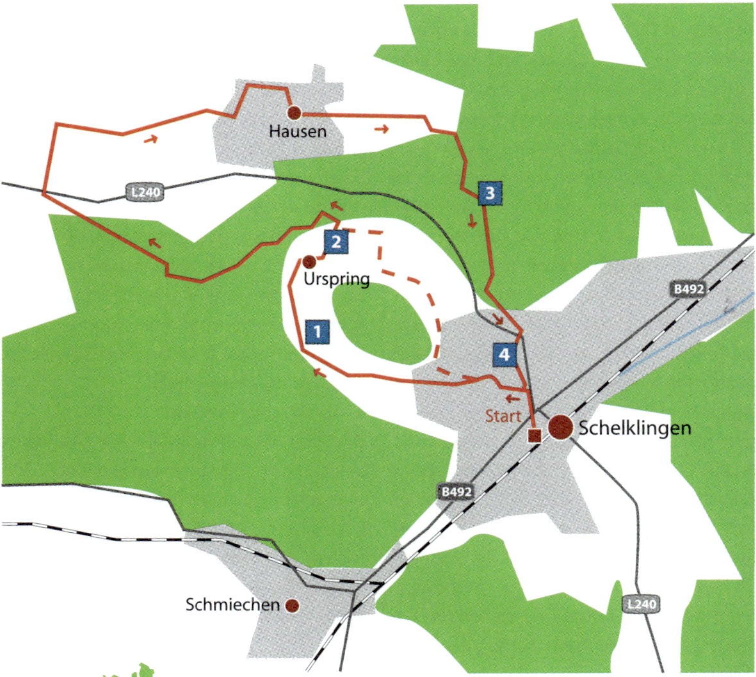

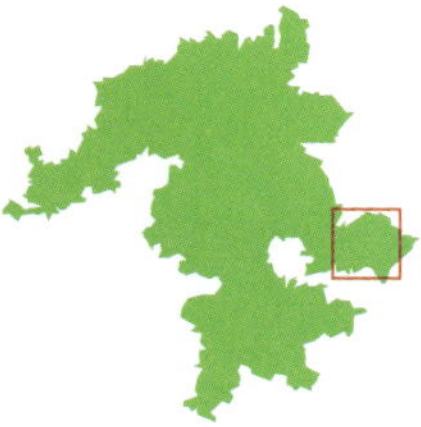

Lage der Tour

3. Wandern entlang der Ur-Donau

Start: Schelklingen, Wanderparkplatz an der Stadthalle
Länge: 9 Kilometer
Abkürzung: 4 Kilometer
Dauer: 3 Stunden
Schwierigkeitsgrad: leicht

Tourenbeschreibung:
Diese Wanderung, auf der sich herrliche Landschaften und einige Sehenswürdigkeiten erleben lassen, führt vom kreisrunden Urspringtal, das von einem Vorläufer der heutigen Donau gebildet

wurde, auf die Albhochfläche und wieder zurück. Wanderer erleben eine vielfältige Mischung aus Natur und Kultur.

Sehenswürdigkeiten

1. Das Urspringtal

Das ungewöhnlich runde Urspringtal entstand dadurch, dass die Urdonau während einer frühen Phase eine große Schleife um den markanten Lützelberg machte, der in der Mitte des Tals aus der Landschaft herausragt.

2. Der Achtopf

Auf ihrem Weg passieren Wanderer den Achtopf. Je nach den Witterungsbedingungen der vergangenen Tage sprudeln aus dieser Karstquelle zwischen 110 und 1.200 Liter Wasser pro Sekunde aus dem Erdinneren.

3. Das Kloster Urspring

Das 1127 von den Herren der Burg Schelklingen gestiftete, einstige Benediktinerinnenkloster beherbergte ab dem 14. Jahrhundert ein Erziehungsheim. Nach der Säkularisation wurde das Gebäude dann als Weberei genutzt. Heute ist die ehemalige Klosteranlage Standort eines Gymnasiums samt Internat.

4. Hohenschelklingen

Das ehemalige Schloss Hohenschelklingen, dessen historische Wurzeln bis ins 12. Jahrhundert zurückreichen, wurde im Dreißigjährigen Krieg bis auf den Schlossturm zerstört. Dieser kann ab und an noch immer bestiegen werden. Von oben bieten sich dem Wanderer atemberaubende Ausblicke auf das Urspringtal und die Stadt Schelklingen.

ERLEBNISTOUREN – WANDERN

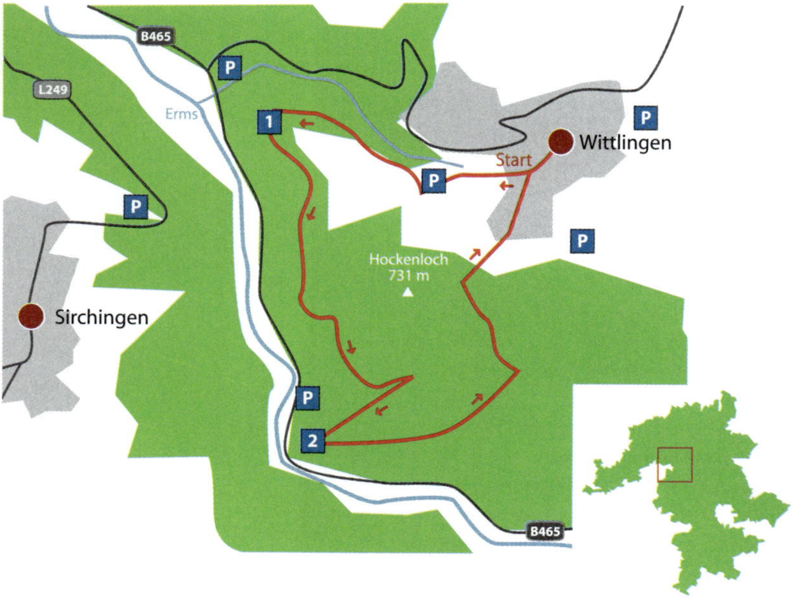

Lage der Tour

4. Ausblicke vom „Mörderschlössle"

Start: Rathaus, Kirche Bad Urach-Wittlingen
Länge: 12,3 Kilometer
Dauer: 4 Stunden
Schwierigkeitsgrad: leicht-mittel

Sechs Kilometer von Bad Urach entfernt, bei Kirche und Rathaus des Stadtteils Wittlingen liegt der Ausgangspunkt dieser aussichtsreichen, geschichtsträchtigen Wanderung entlang des Albtraufs und über die Hochfläche.

Sehenswürdigkeiten

1. Die Burg Hohenwittlingen

Nach einer Wanderpassage entlang weitläufiger Obstwiesen steigt der Weg langsam an und führt mäßig bergauf zum Hofgut „Hohenwittlingen". Dort beginnt der Weg zur Ruine, dessen Mauerreste nicht mehr weit entfernt sind. Die Burg wurde im 13. Jahrhundert errichtet, ging 1251 an Württemberg und wurde im 18. Jahrhundert aufgegeben. Oben angekommen, empfiehlt sich eine Verschnaufpause auf der Aussichtsplattform, von der sich dem Betrachter ein weiter Blick auf das Ermstal-Panorama bietet.

2. Das „Mörderschlössle"

Ein Schild, das Wanderer passieren, weist zu den bizarren Felsen von Baldeck. Die Burg der Herren von Baldeck, von denen heute leider fast nichts mehr erhalten ist, diente früher als zeitweiliger Unterschlupf für allerlei lichtscheues Gesindel, das es mit der Gesetzestreue nicht allzu genau nahm. Daher hat die Burg, beziehungsweise das wenige, das davon noch erhalten ist, im Volksmund den Spitznamen „Mörderschlössle" bekommen. Der Fels, um den die Burg einst gebaut war, ist durch Treppen zugänglich und bietet einen schönen Ausblick ins Ermstal.

FREIZEIT & ERHOLUNG

Panorama Therme Beuren
Einfach mal so richtig ausspannen können Besucher der Panorama Therme im Kurort Beuren. Keine Rutschen, keine Sprungtürme, keine Action – nur Ruhe und Erholung. Die Panorama Therme ist eine Gesundheitsoase mit einer über 1.000 Quadratmeter großen Wasserlandschaft. Die einzelnen Schwimmbecken sind unterschiedlich temperiert – von 24 bis 40 Grad Celsius. Zudem gibt es einen Dampfbadbereich, eine Thermengrotte und eine großzügig gestaltete Saunalandschaft.

Informationen
Panorama Therme Beuren
Am Thermalbad 5
72660 Beuren
Tel. 07025 / 910500
Fax 07025 / 9103010
beuren@beuren.de
www.beuren.de/seite2.htm

AlbThermen Bad Urach
Nach einem gemütlichen Spaziergang durch den historischen Ortskern von Bad Urach empfiehlt sich ein Abstecher in die AlbThermen. In diesem Jungbrunnen der Schwäbischen Alb sprudelt reinstes Thermal-Mineralwasser in sechs Schwimmbecken und Badeattraktionen. Zusätzlich lädt eine Saunalandschaft zum gesunden Schwitzen ein. Wer Bewegung sucht, sollte sich im angrenzenden Fitness- und Gesundheitszentrum über die vielfältigen Sportangebote informieren, und wer Körper, Geist und Seele etwas Gutes tun möchte, schnuppert im Wellness- und Massagezentrum in die Verwöhnprogramme herein.

Informationen
AlbThermen
Bei den Thermen 2
72574 Bad Urach
Tel. 07125 / 94360
Fax 07125 / 943630
info@albthermen.de
www.albthermen.de

Frisches Obst gibt es im Biosphärengebiet reichlich zu kaufen – und es gibt nicht minder wenige Orte, an denen es sich in Ruhe verzehren lässt.

Haupt- und Landgestüt Marbach
Edle Warmbluthengste, liebenswerte Schwarzwälder Füchse und stolze Vollblutaraber locken Besucher zum ältesten staatlichen Gestüt Deutschlands, wo über 500 Jahre Pferdetradition erlebbar werden. Auf insgesamt 1.000 Hektar Fläche verteilen sich die drei Gestütshöfe Marbach, Offenhausen und St. Johann. Hier haben 550 Pferde Platz. Im Frühjahr und Sommer lassen die Stuten, die sich mit ihren kleinen Fohlen auf den Weiden tummeln, die Besucherherzen höher schlagen. Doch ein Besuch in Marbach, dem Sitz des Kompetenzzentrums Pferdezucht und Pferdehaltung Baden-Württemberg, sowie der Landesreit- und Landesfahrschule und der Vereinigung der Europäischen Staatsgestüte (ESSA e.V.), lohnt ganzjährig: neben Führungen finden regelmäßig hochkarätige Pferdezucht- und Pferdesportveranstaltungen statt. Kulturliebhaber kommen bei Ausstellungen im Museum, bei Konzerten und Schauprogrammen auf ihre Kosten.

Informationen
Haupt- und Landgestüt
72532 Gomadingen-Marbach
Tel. 07385 / 96950
Fax 07385 / 969510
poststelle@hul.bwl.de
www.gestuet-marbach.de

Öffnungszeiten
Führungen: Sonn- und Feiertags 13.30 und 15 Uhr, in den Ferien täglich; und nach Vereinbarung.
Gestütsmuseum Offenhausen, Mai bis November Di-Fr 14-17 Uhr, Sa 13-17 Uhr; und nach Vereinbarung.

Outletcity Metzingen
Auch eine Shopping-Tour kann entspannend und erholend sein. Zumindest für die, die Gefallen daran finden. Und das sind nicht wenige. Schließlich lockt die Outletcity Metzingen jährlich mehr als drei Millionen Besucher aus 185 Nationen. In der Einkaufsstadt lässt sich eine interessante Verbindung von Mode, Lifestyle, Design, Schlemmereien und Shopping mit innovativer Architektur erleben. Reisegruppen, bei denen nicht alle Teilnehmer ihr Herz für die Schnäppchenjagd auf Designermarken in über 50 Geschäften erwärmen können, sind gut beraten, wenn sie sich aufteilen. Die einen gehen Shoppen, die anderen unternehmen einen ausgedehnten Spaziergang durch den historischen Stadtkern von Metzingen und die Umgebung.

Informationen
Outletcity Metzingen
Reutlinger Straße 63
72555 Metzingen
Tel. 07123 / 925326
touristinfo@metzingen.de
www.outletcity-metzingen.com

Obstbaumuseum Metzingen-Glems
Wissenswertes rund um das Thema „Streuobst“ erfahren Besucher der Dauerausstellung im Obstbaumuseum Metzingen-Glems. Zudem gibt es regelmäßig Wechselausstellungen zu aktuellen Themen sowie Vorträge und Informationsveranstaltungen samt Verkostungs- und Einkaufsmöglichkeit für lokale landwirtschaftliche Produkte.

Informationen
Obstbaumuseum Metzingen-Glems
Eberbergstraße 24
72555 Metzingen

Tel. 07123 / 925326
info@metzingen.de
www.metzingen.de
Öffnungszeiten
Nach telefonischer Absprache mit
Wolfgang Dürr: 07123 / 15653

Kugelmühle Neidlingen
Ein Anziehungspunkt für junge und junggebliebene Besucher ist die Kugelmühle im Herzen von Neidlingen. Hier wird unter freiem Himmel einheimischer Jura-Marmor mittels Wasserkraft zu Kugeln und Murmeln gerollt – eine beeindruckende Methode, die eine schöpferische Präzision erlaubt, die von Hand niemals zu erreichen wäre. Vor Ort kann man die Kugeln und Murmeln auch kaufen.
Informationen
Kugelmühle Neidlingen
Gießenstrasse
73272 Neidlingen
Tel. 0160 / 3287450
kugelmuehle@gmx.de
www.kugelmuehle-neidlingen.de

Peterstor Zwiefalten
Die Peterstor-Infostelle liegt nahe des bekannten Barockmünster Zwiefalten, das häufig zu den bedeutendsten Bauwerken des Spätbarocks deutscher Prägung gezählt wird, im Herzen des Kloster- und Wallfahrtsorts Zwiefalten. Neben Informationen zur Geschichte der Region werden in einem kleinen Ladengeschäft regionale Produkte aus Landwirtschaft und Handwerk verkauft. Außerdem im Sortiment sind Literatur und Landkarten von der Schwäbischen Alb.
Informationen
Peterstor Zwiefalten
Marktplatz 3
88529 Zwiefalten
Tel. 07373 / 20520
info@zwiefalten.de
www.reiseziel-natur.de/02_Aktiv/
Peterstor_Zwiefalten.php
Öffnungszeiten
Mai-Oktober. Genaue Zeiten nach Absprache mit der Touristinformation Zwiefalten: 07373 / 20520.

Wimsener Mühle
Die aufwändig sanierte Kulturmühle in Wimsen beherbergt die Ausstellungsbereiche „Dokumentation zu den Wimsener Mühlen und ihren Besitzern“ und „Dokumentation zur Friedrichshöhle“. Bei einem Besuch lädt die angrenzende Gastwirtschaft zur Einkehr – und wer schon immer einmal in den Bauch der Erde eintauchen wollte, hat dazu in der nahen Wimsener Höhle die Gelegenheit. Fährmänner bringen hier, in der einzigen mit Booten befahrbaren Höhle Mitteleuropas, die Besucher bis zu 70 Meter weit ins Erdinnere.
Informationen
Wimsener Mühle Hayingen
Wimsen 1
72534 Hayingen-Wimsen
Tel. 07386 / 97770
info@hayingen.de
www.hayingen.de
Öffnungszeiten
Erfragen bei der Stadtverwaltung
Hayingen unter 07386 / 97770

LEIB & SEELE

Auf der Schwäbischen Alb gibt es zahlreiche Landwirte, Gastwirte und Hoteliers, die sich der nachhaltigen Nutzung von Landschaft und Ressourcen verpflichtet fühlen. Die folgende Auflistung ist daher notgedrungen nicht mehr als eine Auswahl.

Die Biosphärengastgeber

Wer die Alb mit Leib und Seele erleben möchte, achte bei seinen Entdeckungsreisen auf das Qualitätssiegel „Die Biosphärengastgeber", mit dem sich zahlreiche Hotel- und Gastronomiebetriebe der Region schmücken dürfen. Es kennzeichnet sie als offizielle Partner des Biosphärengebiets Schwäbische Alb, die sich selbst zu einem schonenden Umgang mit den natürlichen Ressourcen sowie zur Verwendung ökologischer Betriebsmittel und Baustoffe verpflichtet haben. Naturverträgliches Wirtschaften ist der Leitgedanke ihres Engagements.

Informationen

Die Biosphärengastgeber
Biosphärenhotels & Biosphärenwirte GmbH
Bei den Thermen 2
72574 Bad Urach
info@biosphaerengastgeber.de
www.biosphaerengastgeber.de

Albkorn

Die seit 1995 bestehende Erzeugergemeinschaft Albkorn ist ein Zusammenschluss von momentan 30 Bauern, neun Bäckern, einem Müller und einer Brauerei im Landkreis Reutlingen. Auf dem Weg von der Aussaat bis zum fertigen Produkt arbeiten sie Hand in Hand zusammen. Die zurückgelegte Strecke vom Acker bis zum Bäcker, beziehungsweise bis zum Zapfhahn, ist daher niemals länger als 50 Kilometer. Die Produkte werden in der Region verkauft, unter anderem im Mühlenladen neben der Getreidemühle von Erwin Luz.

Informationen

Erzeugergemeinschaft Albkorn
Getreidemühle Erwin Luz
Mühlsteige 12
72525 Münsingen-Buttenhausen
Tel. 07383 / 1261
Fax 07383 / 1063
info@luzmuehle.de
www.albkorn.de

Albbüffel

Er ist klug, gelassen, zumeist friedfertig und zutraulich – der Albbüffel. Die Urviecher werden seit 2005 auf der Schwäbischen Alb gezüchtet und immer häufiger bereichert der Albbüffel auch die regionale Küche. Es gibt unter anderem Albzarella, schwäbischen Mozzarella-Käse, und Feinschmecker aus der ganzen Republik ordern bereits per Internet die beliebte Albbüffelwurst. Sogar im Landgasthof steht Albbüffelbraten auf der Speisekarte. Die Nachfrage ist zuweilen so groß, dass sie das begrenzte Angebot übersteigt.

Informationen

Albbüffel Erzeugergemeinschaft
Landgasthof Failenschmid
Parkstraße 2
72813 St. Johann – Gächingen
Tel. 07122 / 82870
Fax 07122 / 828711
www.albbueffel.de

Alb-Leisa

Zugegeben, etwas Schwäbisch muss man schon verstehen, um zu begreifen, dass sich hinter dem Wort „Leisa“ klassische Linsen verbergen. Angebaut werden die köstlichen Hülsenfrüchte von der Erzeugergemeinschaft „Alb-Leisa“ nach streng ökologischen Kriterien und sie sind absolut frei von Gentechnik. Die Nachfrage ist stets groß und die Anzahl der teilnehmenden Bauern steigt ständig, trotz der stark schwankenden Erträge und des komplizierten Anbauverfahrens.

Informationen

Öko-Erzeugergemeinschaft „Alb-Leisa“
Geschäftstelle
Am Hochberg 25
89584 Lauterach
Tel. 07375 / 922293
Fax 07375 / 922238
lutz.mammel@alb-leisa.de
www.alb-leisa.de

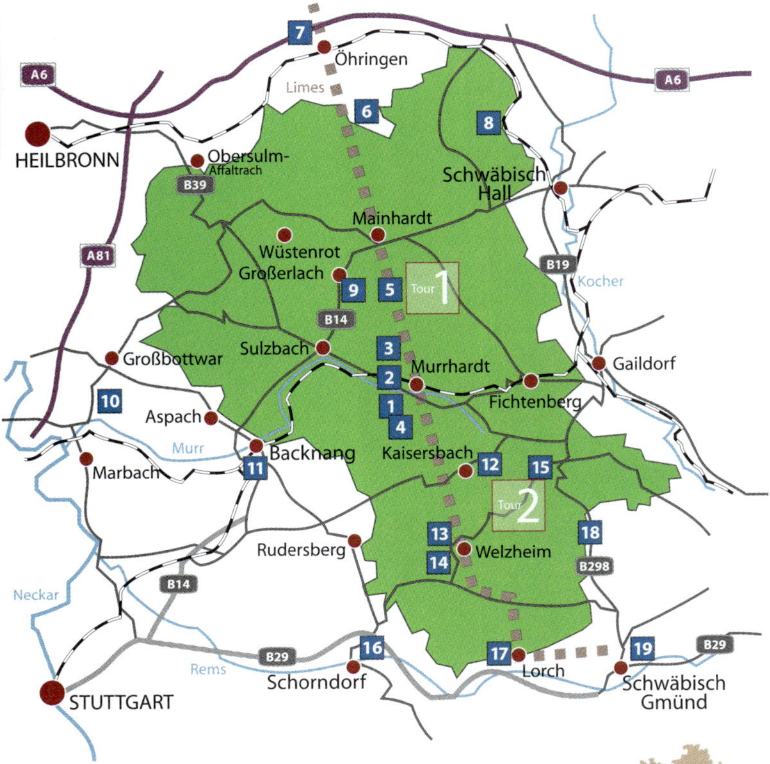

Lage in Baden-Württemberg

Erlebnistouren

Tour 1: Limes-Wanderweg (TOP-TOUR)
Tour 2: Mühlen-Wanderweg
Tour 3: WanderWalter

Sehenswürdigkeiten

1. Naturparkzentrum und Walterichskapelle
2. Villa Franck
3. Heidenbühl
4. Hörschbachschlucht
5. Heidenbuckel bei Grab
6. Obergermanischer Limes
7. Marktplatz Öhringen
8. Freilandmuseum Wackershofen
9. Freizeitzentrum Großerlach
10. Urmensch-Museum Steinheim
11. Altstadt Backnang
12. Sommer-Rodelbahn bei Kaisersbach
13. Altstadt Welzheim
14. Wieslauftal
15. Hagbergturm
16. Gottlieb-Daimler-Museum Schorndorf
17. Pfeilerbasilika Lorch
18. Schwabenpark
19. Heilig-Kreuz-Münster Schwäbisch Gmünd

Naturpark Schwäbisch-Fränkischer Wald

Im Jahre 2005 blickten die Bewohner des Naturparks Schwäbisch-Fränkischer Wald gespannt ins südafrikanische Durban – und vernahmen von dort die frohe Kunde: Jawohl, jetzt besitzt man ein veritables Stück UNESCO-Weltkulturerbe! Der Limes zählt von nun an auch offiziell zu den bedeutendsten und schützenwertesten Denkmälern dieses Planeten. Freilich beschränkt sich das römische Riesenwerk nicht allein auf das Gebiet des Naturparks – hier jedoch präsentiert man stolz ein besonderes Filet-Stück des antigermanischen Schutzwalls: Zwischen Öhringen, ganz im Norden des Parks gelegen, und Alfdorf im Süden verläuft der Limes auf rund 40 Kilometer Länge schnurgerade. Man fragt sich, wie die römischen Festungswerker derart präzise Schneisen in den Wald schlagen konnten, welcher ehedem noch viel dichter stand als heute. Ein faszinierendes Monument: Seit nahezu zwei Jahrtausenden zeugt es von der Größe Roms - und begeistert dieser Tage die Besucher des Naturparks. Wer also auf den Spuren der Antike wandeln will, kann solches hier hervorragend tun; wahlweise per Pedes, Pedal oder PKW. Der Limesweg ist eine außergewöhnliche Attraktion des Schwäbisch-Fränkischen Waldes – doch wahrlich nicht die einzige!

Stammestreffen im Keuper-Bergland

Der Naturpark Schwäbisch-Fränkischer Wald, 1979 gegründet, befindet sich im Nordosten des Ländles, in Ausflugsreichweite der Landeshauptstadt Stuttgart. In seinem rund 900 Quadratkilometer großen Areal, das zu mehr als 50 Prozent bewaldet ist, leben etwa 110.000 Menschen – Angehörige zweier deutscher Stämme, die sich hier in trauter Nachbarschaft begegnen: Im Norden wohnen die Franken, im Süden die Schwaben (Alemannen); wer aufmerksam lauscht, wird nach wie vor die Sprachgrenze ausmachen können.

Geologisch ist der Naturpark durch seine Lage im Keuper-Bergland bestimmt, seine tiefsten Stellen (etwa das Sulmtal im Nordwesten) liegen rund 200 Meter über dem Meeresspiegel, hier tritt der Gipskeuper zu Tage. Oberhalb dieses Gipskeupers ruhen Schilfsandstein-, Bunte-Mergel- und Kieselsandsteinschichten. In höheren Lagen, etwa in den Löwensteiner Bergen, im Mainhardter und Murrhardter Wald, findet sich Stubensandstein. Gleichfalls in den Löwensteiner Bergen, daneben noch um Welzheim und Gschwend, liegen die gefürchteten Rutschhänge der Knollenmergel-Schichten. Den geologischen Abschluss nach oben bilden die typischen Hochflächen-Verebnungen der Lias-Platte (Unterjura), landschaftlich bedeutsam auf den Höhen um Welzheim, Alfdorf und Frickenhofen.

< *Die Kesselgrotte bei Welzheim*

Ein aussichtsreiches Stück Landschaft

Der Hagbergturm
Der Hagbergturm, 23 Meter hoch und im Jugendstil ausgeführt, ist an sich schon eine Sehenswürdigkeit (mit kleinem Kiosk, geöffnet an Sonntagen und nach Vereinbarung); der Schlüssel ist gegen eine Kaution in der Gemeinde Gschwend (Tel. 07972 / 6810) oder bei Silke Arndt im Weiler Wasserhof zu entleihen (Tel. 07972 / 5907). www.schwaebischer-albverein.de/gschwend/hagbergturm.html

Die höchsten Berge im Naturpark sind die Hohe Brach (586 m) bei Großerlach-Grab und der Hagberg (585 m) bei Gschwend.

Weitere respektable Erhebungen mit beeindruckender Panoramasicht sind die Hohentannen (565 m, Gschwend), der Stocksberg (539 m, Beilstein), das Steinknickle (525 m, Aussichtsturm, Wüstenrot) sowie der Juxkopf (533 m, Aussichtsturm, Spiegelberg). Ein hochgelegenes Städtchen ist das im äußersten Norden des Naturparks, auf dem Balkon von Hohenlohe thronende mittelalterliche Waldenburg (504 m).

Das Klima des Naturparks ist in den niederen Randlagen mild; hier eignet es sich vorzüglich zum Weinbau, dessen Ergebnisse sich übrigens durchaus schmecken lassen können. Bevorzugte Sorten sind der Trollinger, der Lemberger und der Riesling. Im Westen und Nordwesten des Naturparks befinden sich steile Weinberglagen, im Zentrum hingegen können sich die Besucher an dichtem Wald, weiten Hochebenen und lang gestreckten Tälern erfreuen. In diese münden mitunter steile Seitentäler ein: von Bächen erosiv eingetiefte Tobel, oder, wie es in schwäbischer Mundart heißt, „Klingen". Hier finden sich oftmals idyllische Wasserfälle, etwa in der Hörschbachschlucht oder im Wieslauftal. Dem natürlichen Wasserreichtum der Gegend ist es auch zu verdanken, dass noch heute so manche

Feuchtbiotop und Ebnisee

Mühle das Landschaftsbild ziert. Daneben haben die Menschen viele Stauseen zur Regenwasserrückhaltung sowie Weiher und Fischteiche angelegt.

Zu den typischen Landschaftselementen mit schutzwürdiger Fauna und Flora gehören die Streuobstwiesen, Feuchtwiesen und Schluchtwälder. So finden sich zum Beispiel in der Hörschbachschlucht über sechzig Moosarten, Sprossender Bärlapp, Lappiger Schildfarn, Streifenfarn, Rippenfarn, Wald-Geißbart, Wolliger Hahnenfuß, Moschuskraut, Gegenblättriges Milzkraut sowie das Leberblümchen.

Die Feuchtwiesen im Rottal, Leintal und Wieslauftal zeichnen sich durch das Vorkommen seltener Orchideenarten aus. Hier gibt es noch die Trollblume, den Fieberklee, das Schmalblättrige und Breitblättrige Wollgras, die Sumpf-Stendelwurz und seltene Seggenarten. Daneben lassen sich hier zahlreiche Heuschrecken- und Libellenarten bewundern, beispielsweise Sumpfschrecke, Feldgrille, Blauflügel-Prachtlibelle, Blaugrüne Mosaikjungfer sowie die Große Königslibelle. Auch Grasfrosch, Ringelnatter, Bachneunauge, Groppe und Bachforelle haben hier einen Lebensraum.

Die flächenmäßig gefährdeten Streuobstwiesen sind letzte Rückzugsgebiete für Steinkauz, Neuntöter, Halsbandschnäpper, Kernbeißer, Grün- und Grauspecht und viele andere gefährdete Brutvogelarten.

Villa Franck

Auch Monumente jüngerer Baukunst-Epochen hat Murrhardt zu bieten: Allemal sehenswert ist die Jugendstil-Villa der Familie Franck. Die Francks verdanken ihr Vermögen dem legendären Kaffee-Ersatz „Caro". Die Gattin des Firmeninhabers war eine gebürtige Murrhardterin – Grund genug für die Familie, sich im schönen Städtchen einen repräsentativen Sommersitz zu errichten. Heute birgt die Villa Franck ein Café, eine Weinstube und ein Kulturzentrum.

Wandernreiten im Naturparkt

Typische Streuobstwiese

Deutschlands ältester Schädel: Ein Steinzeit-Schicksal aus Steinheim

Urmensch-Museum
Immerhin ist der Mensch von Steinheim der zweitälteste aller Deutschen (und der älteste aller deutschen Schädel, vom Homo heidelbergensis liegt ja nur der Unterkiefer vor). Am Fundort findet sich eine Gedenktafel; in Steinheim selbst lädt ein Urmensch-Museum zum Besuch.
Informationen
Urmensch-Museum
Kirchplatz 4
(Hans-Trautwein-Haus)
71711 Steinheim
Tel. 07144 / 21226
www.stadt-steinheim.de

Nebst seinen vielen landschaftlichen Schönheiten hat der Naturpark aber auch geschichtliche Highlights anzubieten: Den chronologischen Beginn macht eine junge Frau mit rätselhaftem Schicksal. Offenbar hat man ihr den Kopf abgetrennt, sodann die Schädelbasis aufgebrochen, um schließlich ihr Gehirn zu essen. Wahrscheinlich aus kultischen Gründen. Ein wenig beruhigend ist es immerhin, dass dieses vor etwas längerer Zeit stattfand. Rund 250.000 Jahre später, genauer gesagt: 1933 fand Karl Sigrist den Schädel in der Kiesgrube seines Vaters, wo zuvor bereits Waldelefanten-Knochen aufgetaucht waren. Drei Jahre später wurde jener Urmensch von der Wissenschaft getauft, und zwar nach seinem Fundort Steinheim, am Unterlauf der Murr gelegen – über den Homo steinheimensis hat es dieses Städtchen zu Weltruhm gebracht.

Die Städte im Naturpark: Ein stimmungsvoller Streifzug durch die Kunstgeschichte

Zur Römerzeit war das Areal des Naturparks weithin waldiges Niemandsland; erst im Mittelalter begann man mit Rodungen größeren Stils. Die Klöster Murrhardt (begründet 816) und Lorch (1102) bildeten die Keimzellen der heutigen Städte – welche den Besucher dieser Tage durch ihre architektonischen Schönheiten bezaubern. Lorch ist dabei besonders stolz auf seine berühmte romanische Pfeilerbasilika, Murrhardt auf seine mit schwäbisch-romanischer Ornamentik versehene St. Walterichskapelle.

Auch Welzheim weiß zu faszinieren: Am Luftkurort rühmt man nicht nur die „Champagnerluft", sondern auch die gemütliche Innenstadt mit ihrer Sankt-Gallus-Kirche.

Backnangs Altstadt, in einer Schleife der Murr gelegen, wartet mit Schönheiten wie der evangelischen Stiftskirche St. Pankratius und dem nahe gelegenen Stadtturm auf.

Schwäbisch Hall präsentiert mit der St. Michaelskirche und den sie umgebenden Fachwerkhäusern ein zauberhaftes Altstadt-Ensemble. Mittelalterliche Atmosphäre bietet Schwäbisch Gmünd, die älteste aller Staufer-Städte; ihr Prunkstück ist das spätgotische Heilig-Kreuz-Münster. Schließlich lockt noch Öhringen; rund um seinen ausnehmend schönen Marktplatz findet sich gleichfalls viel mittelalterliches Flair.

Deutscher Mühlentag
Jedes Jahr zu Pfingstmontag, am Deutschen Mühlentag, sind die meisten historischen Mühlen geöffnet und unter fachkundiger Führung zu besichtigen, oft steigen dabei Salzkuchenfeste. Oder auch Hocketse. Was das ist? Nun, ganz einfach: kleine „Feschtle". Abgeleitet von „Da hocket se", zu Hochdeutsch „Da sitzen sie".

Markt in Murrhardt

Vom Daimler-Haus zum Museumsdorf: Automobile und mobile Immobilien

Das Städtchen Schorndorf überzeugt durch sein prächtiges Fachwerk, daneben hat es noch ein Museum, welches dazu verlockt, sich dem prominentesten Sohn dieser Stadt ein wenig zu nähern: In dieser Stadt erblickte am 17. März 1834 der Bäckersohn Gottlieb Daimler das Licht der Welt. Das Geburtshaus des Motoren-Pioniers ruht übrigens nach wie vor an seinem angestammten Orte – keine Selbstverständlichkeit im Naturpark: Denn hier passiert es durchaus, dass ein altehrwürdiges Häuschen fachgerecht zerlegt und in das Hohenloher Freilandmuseum in Wackershofen nahe Schwäbisch Hall transportiert wird. Wo es sodann rasch Anschluss an ähnlich geartete Bausubstanz findet – in Gestalt eines historischen Dörfchens, welches man eben hier, unweit von Schwäbisch Hall, errichtet hat.

In Wackershofen erwarten Sie über 60 spätmittelalterliche Bauernhäuser (das älteste Haus stammt aus dem Jahr 1480), Gärten, Landwirtschaft mit Nutztieren und ein kleiner Bahnhof auf 40 ha. Sie dürfen dabei auch das Handwerk aus dieser Zeit hautnah erleben. Doch Achtung: Im Ausdinghaus von 1856 sei es, so sagt man seit langem, nicht ganz geheuer. Im Gasthof „Roter Ochsen", erbaut Anno 1715, kann man sich jedoch von etwaigen Schrecken bei Speis & Trank erholen.

Informationen
Tel. 0791 / 971010
www.wackershofen.de

Blumenwiese >

INFORMATIONEN

Naturpark Schwäbisch-Fränkischer Wald e.V.
Marktplatz 8
71540 Murrhardt
Tourist-Info
Tel. 07192 / 213777
Geschäftsstelle
Tel. 07192 / 213888
info@naturpark-sfw.de
www.naturpark-sfw.de
Öffnungszeiten
Mo/Di/Do 10–12.30 Uhr und 14–17 Uhr;
Fr/Sa/So/Fei 10–16 Uhr

NATURPARK-ERLEBNISSCHAU

Hier gibt es viel zu entdecken und zu erleben! Dabei sieht das Konzept der rund 200 Quadratmeter großen „Naturpark-Erlebnisschau" vor, dass der Besucher sich die Ausstellung selbst erarbeitet. Ziel der multimedial unterstützten Ausstellungselemente ist es nicht etwa, das Natur-Erlebnis zu ersetzen – stattdessen soll der Besucher angeregt werden, den Naturpark auch direkt zu erkunden. Die Ausstellung ist ebenso informativ wie unterhaltsam, sie stellt das gesamte Naturparkgebiet vor und spricht alle menschlichen Sinne an. Eine als Relief gestaltete Modelllandschaft des Naturparks liefert interaktiv Informationen, sowohl über touristische Sehenswürdigkeiten als auch über die Naturausstattung und die Kulturgeschichte des Naturparks. Eines der vielen interessanten Highlights ist ein Bienenstock mit lebenden Bienen, die sich gefahrlos durch eine Glasscheibe beobachten lassen. Kinder können hier auf spannende Weise die Natur interaktiv entdecken oder mit dem Naturparkquiz der Waldrappspur folgen. Auch für Erwachsene gibt es viele interessante Dinge zu erfahren, sei es über die römische Geschichte, die Besiedlung der Region oder die Landwirtschaft im Naturpark.

LITERATUR

Landesanstalt für Umwelt, Messungen und Naturschutz Baden-Württemberg: Naturführer Schwäbischer Wald Ubstadt-Weiher, Verlag Regionalkultur 2007. ISBN 978-3-89735-507-1

Schwäbischer Albverein e.V.: Naturpark Schwäbisch-Fränkischer Wald. Stuttgart, Theiss Verlag 2006. ISBN 3-8062-2033-6 Ein fundierter Wanderführer.

Florl, Renate: Mit Kindern unterwegs. Schwäbisch-Fränkischer Wald Bietigheim-Bissingen, Fleischhauer & Spohn 2007. ISBN 978-3-87230-601-2

Florl, Renate: Wandern mit dem Kinderwagen im Schwabisch-Fränkischen Wald Tübingen, Silberburg-Verlag 2010 ISBN 978-3-87407-876-4

Buck, Dieter: Ausflugsziel Schwäbisch-Fränkischer Wald Tübingen, Silberburg-Verlag 2005 ISBN 3-87407-648-2

Landratsamt Rems-Murr-Kreis: Mühlen im Schwäbischen Wald 1. Auflage 2009 ISBN 978-3-00-028319-2

KARTEN

Offizielle Wanderkarte des Naturparkvereins (Blatt F 518) vom Landesamt für Geoinformation und Landentwicklung Baden-Württemberg.
Maßstab 1:50.000. Stuttgart 2007.
ISBN 978-3-89021-611-9

Geologische Karte des Naturparks Schwäbisch-Fränkischer Wald mit Erläuterungen vom Landesamt für Geologie, Rohstoffe und Bergbau. Freiburg i. Br. 2001

Weitere Informationen zu Literatur und Tipps sind auf der Homepage des Naturparks zu finden

ERLEBNISTOUREN – WANDERN

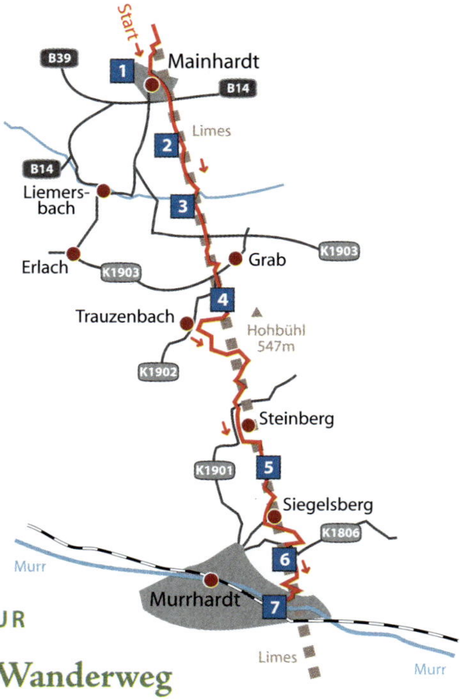

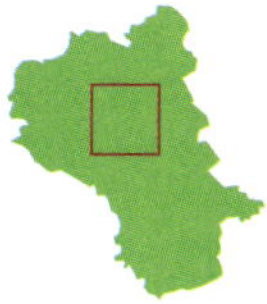

TOP-TOUR

1. Limes-Wanderweg

Wegzeichen: Schwarzer Turm mit rotem Strich, ausgezeichnete Beschilderung
Länge: 15 Kilometer, Rückkehrmöglichkeit mit dem Bus
Dauer: ca. 4,5 Stunden
Schwierigkeitsgrad: mittelschwer; Steigungen, Stufen und Stege
Einkehr: In den Dörfern entlang der Strecke

In Mainhardt bietet das Römermuseum (1) mit seinen zahlreichen römischen Funden eine gute Gelegenheit, sich auf den Gang durch die Geschichte einzustimmen. Zudem präsentiert das Städtchen ein Kohorten-Kastell, dessen südwestliche Ecke restauriert wurde – hier erhält man einen ersten Eindruck von der hohen Qualität römischer Festungsbautechnik. Unweit südlich der Stadt, nach Überquerung der B14, passiert man den „Dicken Busch", eine merkwürdig aussehende Baumgruppe. Kurz dahinter erblickt man den einstigen Wachtposten im Mönchswald. Nun wird auch der ehedem mächtige Wallgraben (2) sichtbar; bald folgt ein weiterer, restaurierter Wachtposten. Man durchquert das Rottal, wo bei der Hankertsmühle ein Kleinkastell (3) wartet, danach geht es bergauf, ein weiterer Wachtposten folgt, anschließend durchquert der Weg einige Tobel, bis man nach Grab gelangt. Seinen scheinbar morbiden Namen verdankt das Dorf eben dem Limes, genauer gesagt: dessen Graben.

Etwa ein Kilometer südlich von Grab erhebt sich der Heidenbuckel (4) – auch er bekam seinen Namen von den Menschen, die sich im Mittelalter hier niederließen und sich die Bedeutung jener Geländemarken nicht mehr erklären konnten. Hier hat man nun ein Stück Limes wiederentstehen lassen – komplett mit Waldschneise, Holzpalisade, Erdwall, Graben und einem rund 10 Meter hohen, begehbaren Steinturm, dessen Schlüssel man in den Graber Gaststätten Rössle und Löwen oder in der Trauzenbacher Gaststätte Waldblick ausleihen kann. Vom Heidenbuckel aus führt der Wanderweg vorbei an Trauzenbach nach Steinberg. Danach gelangt man, den Spechtshof passierend, zu einem weiteren wieder hergestellten Turm (5), dieser bringt es auf vier Meter Höhe. Die nächste Ortschaft ist das lauschige Siegelsberg, sodann führt der Weg wieder in den Wald und überquert die K1806. Anschließend gelangt man durch ein steiles Wegstück auf den Heidenbühl (6). Hier, so ergaben archäologische Untersuchungen, ragte zunächst ein Turm auf, der in bewährter römischer Bauqualität konstruiert war, dann jedoch einem Brand zum Opfer fiel. Aus den Trümmern errichtete man daraufhin hastig einen improvisierten Ersatzturm – diese Stelle des Limes war strategisch äußerst wichtig. Heute kann der Wanderer sich an einer etwa sechs Meter hohen Rekonstruktion des älteren Turms sowie an den originalen Fundamenten des jüngeren erfreuen.

Vom Heidenbühl gelangt man hinauf zur Linderst-Ebene, wo sich einst ein Wachtposten und ein mächtiger Wachturm befanden. Nun geht es herab ins Murrtal, durch welches man nach Murrhardt gelangt, wo man die spannende Wanderung wiederum museal nachbereiten kann: Das Carl-Schweizer-Museum (7) wurde 1931 von Tierpräparatoren gegründet; heute bietet es nebst präparierten Tieren jedoch auch eine stadt- bzw. klostergeschichtliche Sammlung sowie viele Funde aus der Römerzeit.

Informationen
Carl-Schweizer-Museum
71540 Murrhardt
Seegasse 36
Tel. 07192 / 5402
info@carl-schweizer-museum.de
www.carl-schweizer-museum.de

Ein kleines Stück Limes bei Grab

Carl-Schweizer-Museum

ERLEBNISTOUREN – WANDERN

Lage der Tour

2. Mühlen-Wanderweg (Alfdorf – Kaisersbach – Gschwend)

Wegzeichen: gelbes Schild mit brauner Schrift
Länge: 10 Kilometer
Dauer: ca. 3 Stunden
Schwierigkeitsgrad: einfach
Einkehr: Gaststätte Campingplatz Hagerwaldsee
Hagerwaldstraße 31
73553 Alfdorf
Tel. 07182/6810
www.hagerwaldsee.de
Café Restaurant Neuwirtshaus – Familie Ellwanger
Gschwender Straße 37
73553 Alfdorf-Neuwirtshaus
Tel. 07182/2505
www.cafe-restaurant-neuwirtshaus.de

„Das Wandern ist des Müllers Lust", dichtete einst ein Dichter mit dem Namen, wen wundert's, Wilhelm Müller. Im Naturpark Schwäbisch-Fränkischer Wald lässt sich dieses Motto freilich auch umkehren: Die Mühlen sind des Wanderers Lust – denn der Mühlen-Wanderweg bietet neben landschaftlichen Schönheiten noch eine Vielzahl klappernder Naturkraft-Verwerter an rauschenden Bächen. Nicht nur zur Getreidezerkleinerung drehten sich hier die Räder, auch Sägen und Ölpressen wurden hierzulande per Wasserfluss angetrieben. Rund um Welzheim bieten sich drei verschiedene Varianten des Mühlenwegs an. Wer die ganze, 32 Kilometer messende Wander-

Heinlesmühle bei Alfdorf

ung (Zeichen: gelbes Schild mit blauem Mühlrad) antreten will, muss schon gut zu Fuß sein. Jedoch wartet auch unsere kleinere Runde schon mit allerlei Sehenswürdigkeiten auf.

Den Anfang macht, unweit südlich des Parkplatzes, die Heinlesmühle (1), ein Fachwerkbau, der auf das 12. Jahrhundert zurückgeht. Die Heinlesmühle ist eine kombinierte Getreide- und Sägemühle, Letztere ist über einen Steg mit dem Hauptgebäude verbunden. Hier kann der Wanderer noch zwei Wasserräder bestaunen.

Von der Heinlesmühle geht man ein Stück weit über ein geteertes Sträßchen, von dort aus führt rechts ein Wiesenweg ins Tal eines Bächleins mit dem bemerkenswerten Namen „Schwarze Rot". Und hier erwartet den Wanderer die Hummelgautsche (2) – so nennt der Volksmund die Vaihinghofer Sägmühle, wobei jener Begriff für Auswärtige der Erklärung bedarf: „Hummel" hat nichts mit dem fliegenden Kerbtier zu tun, sondern meint eigentlich „Hommel", dieses Wort wiederum bezeichnet die gemeindeeigenen Bullen, welche hier einst weideten. „Gautschen" heißt so viel wie „schaukeln", und genau das tat hier einst das Sägegatter. Erstmals erwähnt wurde die Hummelgautsche im 14. Jahrhundert; auch sie hat noch ein Wasserrad. Wer ein wenig rasten will, kann dies in der Schutzhütte bzw. auf

Menzlesmühle bei Kaisersbach

dem Grill-/Spielplatz tun; Weiterwanderwillige gelangen, dem Bachlauf folgend, zu einer Abzweigung, die rechts zum Weiler Steinhaus führt. Von dort aus geht es vorbei am Schillinghof zum Dörfchen Schadberg, von dort aus wiederum durch den Strohhof zum Rotbachhöfle, unweit dessen, im Tal der Blinden Rot, die Ebersberger Mühle (3) liegt. Wie ein oberhalb der Eingangstür befindlicher Ofentein ausweist, wurde sie im Jahre 1604 erbaut.

Weiter geht's Richtung Ebersberg durch das Naturschutzgebiet vorbei am Freizeithaus „Forsthaus Ebersberg". Naturwildnis pur kann dann an der Brunnen- und Hägelesklinge, an denen sich Felstrümmer und glatte Wände um die Sandsteingrotten auftürmen, bewundert werden. Geht man den Weg weiter, so durchquert man ein weiteres, mit seltenen Wildpflanzen erhaltene und sehenswerte Naturschutzgebiet, Gauchhauser Tal. Durch die lichten und naturbelassenen Wälder des Damerswaldes, erreicht man dann die am Mühlteich, idyllisch gelegene Brandhofer Öl- und Sägemühle.

Früher war sie als Sägemühle Eigentum des Klosters Adelberg; heute wird sie als Mahlmühle verwendet; für den Antrieb sorgt eine Turbine.

Von hier aus geht es zurück auf den Wanderweg, der nun durch den Wald zur Menzlesmühle (4) führt, welche durch ihre weithin intakte Einrichtung einen besonders anschaulichen Begriff des Handwerks gewährt. Einst wurden hier mittels zweier Mühlkanäle gleich vier Wasserräder betrieben, heute sieht man noch eines.

Von hier aus ist es nicht weit zur Hundsberger Sägmühle (5), die noch vor hundert Jahren mit Wasserkraft betrieben wurde, mittlerweile jedoch hat auch hier die Elektrizität Einzug gehalten. Nichtsdestotrotz sind noch Teile des alten Transmissions-Mechanismus erhalten. Von der Hundsberger Sägmühle gelangt man bald zurück zum Ausgangspunkt.

ERLEBNISTOUREN – WANDERN

3. WanderWalter

In den Wald gehen können Sie überall – im Naturpark Schwäbisch-Fränkischer Wald können Sie jedoch gleichzeitig in den Wald und mit der Zeit gehen: Möglich macht's der „WanderWalter". Hinter diesem netten Namen verbirgt sich ein sehr innovatives Projekt: ein benutzerfreundliches GPS-gestütztes System, dem die detaillierte topographische Karte 1:50.000 zu Grunde liegt. Mit jener digitalen Karte, der Info-Datenbank des Naturparks und der mitgelieferten Software kann WanderWalter auf GPS-tauglichen iPhones installiert werden. Alle notwendigen Daten sind auf der Naturpark Homepage kostenlos herunterzuladen.

Dann kann sich der Wanderer auf den Weg machen – unterwegs signalisiert ihm ein gelbes Kreuz auf dem

Fuxi Naturerlebnis-Pfad

Auf diesem Naturerlebnis-Pfad können Sie und Ihre Familie die besondere Art der Entdeckungstour erfahren und erfühlen. Ausgestattet mit Spiel und Spaß am Experimentieren in der Natur, führt Sie der Fuxi-Pfad zu allerlei interessanten Erlebnis-Stationen, wie dem Waldtelefon, dem Versteck unterm Stein und zu Aktivitäten wie dem Tierweitsprung. Einen tollen Grillplatz gibt es bei der Hankertsmühle im Rottal. Langeweile? Fehlanzeige!

Informationen

Gemeinde Mainhardt
Hauptstrasse 1
74535 Mainhardt
Tel. 07903 / 91500
www.mainhardt.de

Höhenerlebnispark Theresienberg

Ein Natur-Erlebnispfad für Naturdetektive, Naturliebhaber, Weitsichtige und Frischluftfanatiker. Warum klebt die Spinne nicht an ihrem Netz fest? - Wenn Sie sich diese Frage auch schon mal gestellt haben, dürfen Sie als Naturdetektiv hier erkunden. Eine Grillstelle lädt sie zum genussvollen Verweilen ein.

Informationen

Stadtverwaltung Waldenburg
Hauptstraße 13
74638 Waldenburg
Tel. 07942 / 1080
www.waldenburg-hohenlohe.de

LEIB & SEELE

Rebensaft im Zeichen des Besens

Wenn Sie einmal besonders zünftig einkehren wollen, sollten Sie auf ein seltsames Zeichen achten: den Besen, gegebenenfalls mit einer roten Glühbirne versehen. Ersterer gibt der betreffenden Gaststätte auch den Namen – die Besenwirtschaft. Welche übrigens nur in Schwaben so heißt; in anderen Regionen nennt man solche Schenken Strauß- oder Häckerwirtschaft. Ihren Ursprung hatten sie vor rund hundert Jahren. Die Winzer waren so verarmt, dass man ihnen gestattete, öffentlich Wein auszuschenken. So räumten sie die Gute Stube leer, stellte den Besen vor die Tür und luden zum guten Tropfen.

Da mittlerweile die größte Not der Winzer gelindert ist, hätte sich das Prinzip der Besenwirtschaft im Grunde überlebt – wäre es nicht so verdammt gemütlich. Nun fand man einen Kompromiss: Besenwirtschaften dürfen temporär betrieben werden, allerdings nur in den eigenen Räumlichkeiten des Winzers – wobei die Wahrscheinlichkeit, in dessen Gute Stube gebeten zu werden, nunmehr deutlich geringer geworden ist. Man darf außer Wein (dem eigenen, versteht sich) keine weiteren alkoholischen Getränke ausschenken, muss aber mindestens ein nicht-alkoholisches Getränk im Angebot haben (ausdrücklich: kein Leitungswasser!). Etwas zu essen darf auch gereicht werden, allerdings nur kalte und einfache warme Speisen – freilich empfehlen sich eher jene Besenwirtschaften, die statt des standardisierten Wiener Schnitzels solch deftige Köstlichkeiten wie Salzfleisch, hausgemachte Wurst oder schmalzbestrichene „Besenbrote" servieren – wohl bekomm's!

Naturparkteller: Hier kommen die Leckereien des Landes auf den Tisch

Der Naturpark frisch auf dem Teller

Wenn man nun in diesem zauberhaften Stück deutscher Landschaft weilt, welches neben Wanderwegen und Weltkulturerbe auch noch eine ebenso traditionsreiche wie naturverbundene Landwirtschaft aufweist – möchte man dann nicht erfahren, wie köstlich all das mundet, was der Bauer hier einbringt? Am besten in einer der urgemütlichen Gaststätten, für die die Region bekannt ist? Klar möchte man das!

Und diesem Wunsch trägt das Konzept „Naturparkteller" Rechnung – ebenso einfach wie genial: rund 70 Gastronomen in den Naturparkgemeinden servieren ihren Gästen ein Gericht, welches erstens einen regionalen Bezug hat, zweitens frische Zutaten der Saison verwendet, drittens günstig ist, viertens inklusive eines Viertels heimischen Weins gereicht wird und fünftens, versteht sich, äußerst delikat mundet. Innerhalb dieser Rahmenbedingungen ist jede teilnehmende Gaststätte natürlich völlig frei, ihre Stärken kreativ auszuspielen. So finden sich Leckereien aller Art auf den Karten: Maultaschen, Schwäbischer Sauerbraten, Lachsforellenfilets, Schweinehals, Tafelspitz, dazu Spätzle, Schupfnudeln oder Semmelknödel – allerbeste Gelegenheit, das Land auch mit dem Gaumen zu erfahren. Und weil die Menschen hier umsichtige Gastgeber sind, servieren viele Restaurants den Naturpark-Teller auch in Kinder- oder Senioren-Versionen – Guten Appetit!

Auf der Website des Naturparks finden Sie eine große Auswahl von Anbietern regionaltypischer Spezialitäten: www.naturpark-sfw.de

Lage in Baden-Württemberg

Erlebnistouren

Tour 1: Wandern in der Wutachschlucht (TOP-TOUR)
Tour 2: Schneeschuhwanderungen an Seebuck und Feldberg
Tour 3: Südschwarzwald-Radweg

Sehenswürdigkeiten

1. Naturpark-Geschäftsstelle am Feldberg
2. Titisee
3. Schluchsee
4. „Schwarzwaldklinik", Glottertal
5. Historischer Ortskern Emmendingen
6. Historischer Ortskern Villingen
7. Schloss Donaueschingen mit „Donauquelle"
8. Heimatmuseum „Hüsli" in Rothaus
9. Freiburger Münster
10. Steinwasen-Park Oberried
11. Historischer Ortskern Staufen
12. Belchenhaus
13. Cassiopeia-Thermen Badenweiler
14. Vogelpark Steinen, Steinen-Hofen
15. WaldHaus Freiburg
16. Historischer Ortskern Waldshut

Naturpark Südschwarzwald

Eine halbe Nation sah auf dieses Gebäude: Bis zu 28 Millionen Bürger der damaligen Bundesrepublik wollten seinerzeit erfahren, welche Turbulenzen Professor Brinkmanns Ehe noch durchlaufen würde, 60 % TV-Einschaltquote, 80 % Marktanteil – die „Schwarzwaldklinik" stellte in den 80-er Jahren deutsche Fernsehrekorde für die Ewigkeit auf, und nicht nur das: In summa 42 Ländern ging das Ärzte-Epos über den Äther. Dieser Erfolg verdankt sich vielem, etwa den charismatischen Darstellern: Schauspieler wie Klaus-Jürgen Wussow und Sascha Hehn gerieten seinerzeit zu Ikonen der Regenbogenpresse. Doch noch ein Anderes, Wesentliches trug in erheblichem Maße zum TV-Mythos bei: die Landschaft. An gleich 31 verschiedenen Orten fingen Kameras die Herrlichkeit des Schwarzwalds ein, die Idyllen einer lauschigen Dörflichkeit, blühende Bergwiesen, romantische Schluchten, kristallklare Seen und erhabene Berge – die Landschaft war der Star, zweifelsohne. Zum Höhepunkt des Hypes konnte das Glottertal die Busladungen der Besucher kaum fassen: Alle wollten den Schauplatz der erbitterten Konflikte zwischen Professor Klaus und Dr. Udo sehen – im wahren Leben übrigens bis 2005 eine Familienreha-Klinik des Paritätischen Wohlfahrtsverbandes. Und alle Besucher waren verzaubert von der Anmut dieser Region. Welche sich in natura freilich noch viel eindrucksvoller darstellt als auf der heimischen Röhre.

Nicht unerwähent bleiben sollte in diesem Zusammenhang das „Hüsli" – in der Serie Wohnsitz von Professor Brinkmann – , das sich rund 60 km von Glottertal entfernt in Rothaus beim Schluchsee befindet. Im Gegensatz zur „Schwarzwaldklinik" ist es ein Heimatmuseum und kann besichtigt werden.

Von der Nobel-Sommerfrische zum Naturpark für alle

Nun war es beileibe nicht so, dass der Südschwarzwald solche Promotion nötig gehabt hätte – wusste die Nation doch schon seit langem um die Schönheit dieses kuppigen Mittelgebirges, welches die (freilich nach den Alpengipfeln) höchsten Berge Deutschlands aufweist, zuvorderst den Feldberg mit seinen stattlichen 1.493 Metern: Seit über 100 Jahren wird hier der Tourismus gepflegt. Einst kamen die Hochwohlgeborenen und Vermögenden herbei, um sich in einem der vielen exquisiten Kurorte von den Strapazen des Alltags zu erholen, mittlerweile verleben jedoch Vertreter aller Gesellschaftsschichten die schönsten Wochen des Jahres im südlichen Schwarzwald.

Seit dem 2. Februar 1999 genießt die Region im Dreiländereck Deutschland – Frankreich – Schweiz den Status eines Naturparks. Bei seiner Geburt hatte dieser schon stattliche 333.000 Hektar gemessen, jedoch wuchs er 2005 noch einmal kräftig: Weitere Gebiete kamen hinzu, sodass man es mittlerweile auf

Falkauer Wasserfall

Nebelstimmung

370.000 Hektar bringt – mithin ist der Naturpark Südschwarzwald zum zweitgrößten der Nation avanciert. Im Norden wird sein Areal ungefähr vom Bogen Freiburg – Emmendingen – St. Georgen – Villingen abgeschlossen, am Ostrand liegen die Gemeinden Donaueschingen und Blumberg, im Süden markieren Waldshut-Tiengen und die Trompeterstadt Bad Säckingen die Grenze zur Schweiz, westlich bilden Lörrach und Müllheim den Abschluss zum Markgräfler Land.

Hohe Berge, lauschige Täler – ein Naturpark mit Profil

Dabei lässt sich die Landschaft des Naturparks in fünf Räume unterteilen: Die größte Fläche nimmt die Region Hochschwarzwald / Südlicher Schwarzwald / Hotzenwald ein – hier bestimmen die flach gerundeten Gipfel und Bergrücken das Bild; der Hotzenwald steuert noch seine sanften Hochflächen bei. Daneben bezaubern die anmutigen Flusstäler, wie jene der Wiese und ihres Zuflusses, der Kleinen Wiese, sowie die eiszeitlich entstandenen Seen, wie der Titisee oder der Feldsee.

Lebendiges Brauchtum

Blick auf Präg

Traditionelles Schwarzwaldhaus

Nördlich schließt der Mittlere Schwarzwald an, hier ist die Region der weiten Täler und Hochflächen. Im Nordosten des Naturparks liegt der Baar-Schwarzwald – ein verhältnismäßig ruhiges Relief mit großen, zusammenhängenden Waldgebieten sowie den Tälern der Donau-Quellflüsse Brigach und Breg. Südlich des Baar-Schwarzwaldes schließt das Alb-Wutach-Gebiet an, welches gleichfalls mit weiten Hochflächen aufwartet, durchtrennt werden sie von Tälern und Schluchten, deren bekannteste jene der Wutach ist. In der Vorbergzone schließlich, wo sich der Hochschwarzwald zum Rheingraben hin absenkt, finden wir gleichfalls eine sanft geschwungene Landschaft vor, durchzogen von den zahlreichen Tälern jener Flüsse, die sich in den großen Strom ergießen. In dieser klimatisch geschützten Region gedeiht saftiges Obst und ein guter Wein. In den etwas raueren Höhen des Naturparks hingegen liegen, romantisch verstreut, die berühmten Schwarzwaldhöfe, auf denen man sich seit jeher der Milch- und Fleischwirtschaft widmet – die weitläufigen Weiden sind ein Stück Kulturlandschaft, welches mittlerweile ebenso zum Bild der Region gehört wie der dichte Wald. Im Baar-Schwarzwald schließlich findet sich vermehrt Ackerbau, der dadurch begünstigt wird, dass sich hier die Buntsandstein- und Muschelkalkschichten oberhalb der kargen Granite und Gneise erhalten haben.

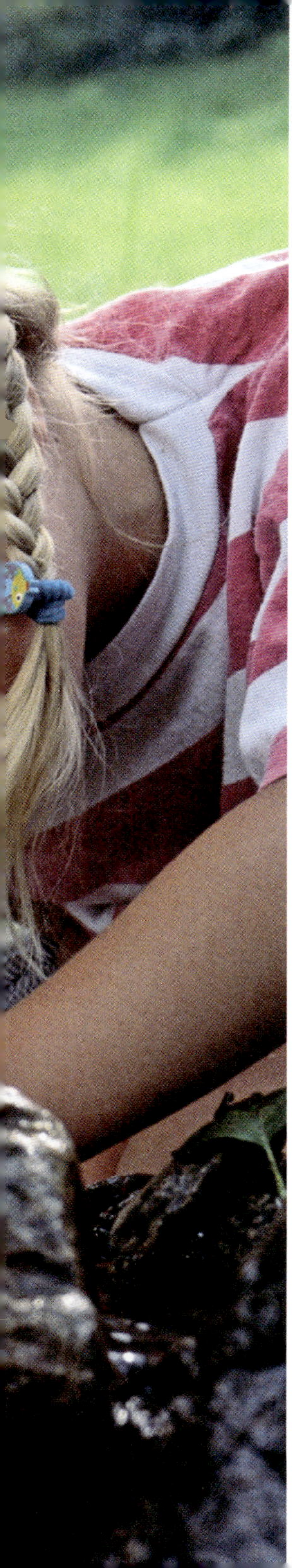

Naturenergie satt

Der Schwarzwald verfügt über zahlreiche erneuerbare Energien wie Holz, Wasser, Sonne, Wind und Biomasse. So ist es langfristig Ziel, mit diesen Energieformen die gesamte Region unabhängig zu versorgen – zum Wohle der Natur und Umwelt. Aber auch für die Schwarzwälder Landwirtschaft tut sich mit der Naturenergie-Nutzung ein interessantes Geschäftsfeld auf. So zeigt sich in diesem Projekt die Vereinbarkeit von Landschaft, Naturschutz, Tourismus und wirtschaftlicher Entwicklung. Mittelfristiges Ziel im Naturpark Südschwarzwald sind 100 „Bioenergiedörfer". Der Titel wird vergeben, wenn sich eine Gemeinde autark mit Energie aus regenerativen Quellen versorgen kann. Auch im Naturpark Südschwarzwald tragen bereits einige Orte den Titel „Bioenergiedorf".

Weitere Informationen unter:
www.bioenergieregion-suedschwarzwald.de

Seen, Moore, Gipfel

Feldberg-Ranger
Nicht nur Texas hat seine Ranger – auch der Feldberg hat einen, genauer: einen hauptamtlichen Naturschutzwart. Dieser lädt alle Interessierten ab 10 Jahren zu Wanderungen ein, bei denen man viel über die Natur lernt, aber auch spannende und amüsante Geschichten hört. Wer mit dem Ranger wandern möchte, kann sich im Haus der Natur am Feldberg informieren.

Der Naturpark versteht sich als Forum des Interessenausgleichs; man möchte den mehr als 500.000 Bewohnern vor allem eine hohe Lebensqualität gewähren – zu welcher freilich auch eine intakte Natur gehört. Knapp die Hälfte der Naturpark-Fläche ist zum Schutzgebiet erklärt, rund 60 % ist bewaldet. Doch die Region hat dem Naturfreund nicht nur Wald zu bieten: Ein Nebenprodukt des Feldberggletschers ist der Titisee, dessen lauschige Schönheit ihn heute zu einem vielbesuchten Reiseziel macht. Der Schluchsee, Deutschlands höchstgelegene Talsperre, ist – was seine jetzige Gestalt anbelangt – zwar etwas jünger, jedoch nicht minder schön. Hinterzarten ist nicht nur Heimat weltbekannter Skispringer, sondern auch Ort eines Moores, welches es auf die Gesamtfläche von 70 Hektar bringt; es gilt als eines der besterhaltenen Europas und fasziniert durch eine bemerkenswerte Flora: Sonnentau, Wollgras, Rosmarinheide und Torfmoos sind nur einige der seltenen Arten; ein Holzsteg-Wanderweg führt quer durch diese sehenswerte Landschaft. Mit seltenen Gewächsen können auch die Naturschutzgebiete aufwarten, die sich auf den Höhen des Gebirges befinden: Auf dem Belchen (1.414 m) sind – ebenso wie auf dem Feldberg (1.493 m) – Arten beheimatet, die man ansonsten nur in den Alpen zu Gesicht bekommt. Gedeihlich für die Natur ist hier, dass man die Fahrstraße 2001 gesperrt hat – seither bringen eine Seilbahn oder Wanderwege die Naturfreunde auf 1.356 Meter Höhe. Wo man auch, etwas Glück und die rechte Jahreszeit vorausgesetzt, eine faszinierende Tierwelt zu Gesicht bekommt, etwa das sehr selten gewordene Auerhuhn (Tetrao urogallus).

Schluchsee

Riesenregenwurm und Groppe – die Fauna fasziniert

Wie der Naturpark überhaupt eine reiche Fauna aufzuweisen hat: Neben Rotwild, Fuchs und Baummarder verkehren hier auch Auerhahn, Dreizehenspecht und, einzigartig auf der Welt, der Badische Riesenregenwurm (Lumbricus badensis), welcher es auf die stattliche Länge von bis zu einem halben Meter bringt – und das bei einem Gewicht von bis zu 40 Gramm! Auch die Gewässer bergen so manches seltene Tier, etwa die Groppe, ein ebenso unbekannter wie gefährdeter Fisch unserer Heimat, welcher es eben deshalb bereits zweimal (1989 und 2006) zum „Fisch des Jahres" brachte. Da die Groppe, ihre Umweltbedingungen betreffend, ein sehr wählerischer Fisch ist und äußerst reines Wasser braucht, ist ihr Vorhandensein nur ein weiterer Gütebeweis für die Bäche der Region.

Um der Natur auf die Spur zu kommen und ihre Schönheit zu entdecken, kann sich der Besucher auf den Wanderweg machen – die Ausschilderung wird allen Anforderungen gerecht, ebenso die Länge des Wegenetzes: 7.000 Kilometer stellen wahrscheinlich auch den ausdauernsten Wanderfreund zufrieden.

Mountain-Biker kommen hier gleichfalls voll auf ihre Kosten, bringen es ihre Routen doch summa auf satte 3.000 Kilometer. Auch zur kalten Jahreszeit lockt hier die Natur, neben den Schneeschuh-Trails laden dann über 1.200 Kilometer ausgeschilderte und gespurte Loipen sowie zahlreiche Skilifte zu winterlichen Vergnügungen ein.

Balzender Auerhahn

Der schönste Turm der Christenheit

Schließlich sollte über aller Natur-Faszination nicht vergessen werden, dass auch der Mensch hier äußerst Sehenswertes geschaffen hat: Donaueschingen ist stolz auf sein Fürstlich Fürstenbergisches Schloss aus dem frühen 18. Jahrhundert, in dessen weitläufigem Schlossgarten sich übrigens die Donauquelle befindet: Dass jener vielbesungene Strom allein hier seinen Anfang nimmt, ist freilich eher eine lokalpatriotische denn eine wissenschaftlich haltbare Behauptung – doch wer wollte dieser durchaus sympathischen Stadt schon den Ruhm streitig machen, direkt an der Quelle zu sitzen?

Aber auch viele andere Städte der Region haben Besonderes zu bieten: Emmendingen, Villingen, Waldshut und Staufen bezaubern mit historischen Ortskernen – nicht zu vergessen das äußerst sehenswerte Freiburg mit seinem berühmten Münster, dessen gotischen Turm der Kulturhistoriker Jacob Burckhardt einst kurzerhand zum „schönsten Turm der Christenheit" erklärte.

Freiburger Münster

INFORMATIONEN

Haus der Natur am Feldberg

HAUS DER NATUR

Naturpark Südschwarzwald
Dr.-Pilet-Spur 4
79868 Feldberg
Tel. 07676 / 933610
Fax 07676 / 933611
info@naturpark-suedschwarzwald.de
www.naturpark-suedschwarzwald.de

Öffnungszeiten
Das Haus der Natur ist täglich von 10–17 Uhr geöffnet, an Montagen zwischen November und Mai außerhalb der Schulferien in Baden-Württemberg geschlossen. Es besteht eine Busverbindung von Titisee und Zell aus, die Haltestelle Feldberger Hof liegt unweit des Hauses.

Im Haus der Natur befindet sich eine sehenswerte Dauerausstellung, welche kaum eine Frage offen lässt. Die vier Segmente befassen sich mit den Themen „Mensch und Natur", „Wirtschaft", „Naturschutz" sowie „Natur und Landschaft". Eine Vielzahl interaktiver und multimedialer Elemente lässt den Besuch für alle Altersgruppen zum Erlebnis werden. In einer 3D-Schau kann das Naturschutzgebiet Feldberg, der Naturpark Südschwarzwald sowie der Südschwarzwald um 1900 bei jedem Wetter in einer neuen Dimension erlebt werden. In einer virtuellen Ballonfahrt kann man – ganz ohne Höhenangst – die herrlichen Landschaften des Naturparks Südschwarzwald entdecken. Der „Talking Ranger" beantwortet auf humorvolle Weise die 10 häufigsten Fragen, die dem echten Ranger immer wieder gestellt werden. Weitere Einsichten in das Wesen der Natur vermittelt der Feldbergarten.
Daneben finden noch Wechselausstellungen und besondere Veranstaltungen statt, zudem werden – im wahrsten Sinne des Wortes: naheliegenderweise – Führungen durch das Naturschutzgebiet Feldberg angeboten. Ein großes Abenteuer für Kinder ist der unweit des Hauses beginnende, knapp zwei Kilometer lange Wichtelpfad im Auerhahnwald.
www.wichtelpfad.info

GÄSTEFÜHRER IM NATURPARK SÜDSCHWARZWALD

Die „Gästeführern im Naturpark Südschwarzwald" bringen mit ihrem vielfältigen Programm den Gästen die Besonderheiten des Naturparks Südschwarzwald auf anschauliche und unterhaltsame Weise näher. Sie vermitteln allerlei Wissenswertes über die Region, ihre Sehenswürdigkeiten, Geschichte, Kultur und Natur, zeigen die Besonderheiten der Städte, Ortschaften, Museen und Kirchen und erwandern oder erradeln mit Ihnen die schönsten Höhen des Südschwarzwaldes.
Weitere Informationen zu den Gästeführern finden Sie im Internet unter www.naturpark-gaestefuehrer.de

BELCHENHAUS

Direkt an der Bergstation der Belchen-Seilbahn befindet sich das historische Belchenhaus – ein anno 1898 erbautes Schutzhaus, welches mittels einiger Schautafeln interessante Einblicke in die Berggeschichte aus drei Jahrhunderten gewährt. Und sich daneben auch den tagesaktuellen leiblichen Genüssen widmet – beherbergt es doch das höchstgelegene Gasthaus Baden-Württembergs. Schließlich bietet sich hier noch ein hervortragender Ausgangs- und Endpunkt für Belchen-Wanderungen: so kann man auf einem Themen- und Entdeckungspfad die Bergkuppe umrunden.
Informationen
Bergwelt Südschwarzwald
Gentnerstraße 2
79677 Schönau
Tel. 07673 / 918130
www.belchenland.com

WALDHAUS FREIBURG

Wonnhaldestraße 6
79100 Freiburg im Breisgau
Telefon 0761 / 89647710
info@waldhaus-freiburg.de
www.waldhaus-freiburg.de
Öffnungszeiten
Mo–Fr, 10-17h; So, 14–17h mit Cafeteria; Mo, Di und Sa auf Anfrage
Den Beitrag des Waldes zum Leben der Städter und zur Nachhaltigkeit in der Forst- und Holzwirtschaft macht das im Herbst 2008 eröffnete WaldHaus in Freiburg deutlich. Das innovative Bildungs- und Informationszentrum zum Thema Holz macht sinnlich und praktisch mit den Zusammenhängen im Ökosystem Wald vertraut. Das Gebäude selbst demonstriert eindrucksvoll, wie der nachwachsende Rohstoff Holz eingesetzt werden kann.

LITERATUR

Hockenjos, Wolf: Waldpassagen. Gesammelte Versuche über Baum, Wald und Flur. Vöhrenbach: doldverlag, 2000. ISBN 3-927677-26-4

Knoblich, Heidi: Winteräpfel. Aus dem Leben der Feldbergmutter Fanny Mayer. Lahr: Verlag Ernst Kaufmann, 2003. ISBN 3-7806-5298-6

Mathis, Corinna u. Ingrid Mathis (Hrsg.): Naturpark Südschwarzwald - high lights. Merzhausen: Mathis GmbH, 2006. ISBN 3-00-018394-9

Naturpark Südschwarzwald: Spuren der Eiszeit im Naturpark Südschwarzwald: 30 ausgewählte Wanderungen zu den heute noch eindrucksvollen Spuren vergangener Vereisung. Feldberg: Naturpark Südschwarzwald, 2005. ISBN 3-9810632-0-1

NRP Südschwarzwald: Faszination Feldberg im Naturpark Südschwarzwald: Auf 8 naturkundlichen Wanderrouten das Naturparadies Feldberg selbst entdecken. Feldberg: Naturpark Südschwarzwald, 2006. ISBN 3-9810632-1-X

Weis, Roland und Harald Riesterer: Der Hochschwarzwald: von der Eiszeit bis heute. Ostfildern: Thorbecke, 2009. ISBN 978-3-7995-0840-7

Wiesler, Klaus-Günther und Lothar Burghardt (Hrsg.): Kochbuch der Naturparkwirte im Schwarzwald. Basel: Reinhardt Verlag, 2010. ISBN 978-3-7245-1608-8

Wilmanns, Otti: Exkursionsführer Schwarzwald. Eine Einführung in die Landschaft und Vegetation mit 45 Wanderrouten. Stuttgart: Verlag Eugen Ulmer, 2001.
ISBN 3-8252-2180-6

Eine aktuelle Literaturliste und weitere Tipps sind auf der Website des Naturparks zu finden.

KARTEN

Das Landesvermessungsamt Baden-Württemberg gibt Freizeitkarten im Maßstab 1:50.000 heraus. Der Naturpark findet sich auf folgenden Blättern:
505 Freiburg im Breisgau – Kaiserstuhl,
ISBN: 3-89021-598-3
506 Titisee-Neustadt,
ISBN 3-89021-599-0
508 Lörrach,
ISBN 3-89021-601-3
509 Waldshut-Tiengen – Schluchsee,
ISBN 3-89021-602-7

Auch für Mountain-Biker liegt ein offizielles Kartenwerk des Naturparks vor, gleichfalls im Maßstab 1:50.000:
Südschwarzwald – Zwischen Hochrhein und Feldberg. Südlicher Teil. Mit 13 Tourenvorschlägen. ISBN: 3-87073-350-6.
Südschwarzwald – Zwischen Feldberg und Kandel. Mittlerer Teil. Mit 10 Tourenvorschlägen und Schwarzwald-Bike-Crossing. ISBN: 3-87073-423-7.
Südschwarzwald – Zwischen Kandel und Hornberg. Nördlicher Teil. Mit 10 Tourenvorschlägen und Schwarzwald-Bike-Crossing. ISBN 3-87073-397-7.

INFORMATIONEN ZU UNTERKÜNFTEN UND TOUREN

Schwarzwald Tourismus GmbH
Hauptgeschäftsstelle:
Ludwigstraße 23
79104 Freiburg
Tel. 0761 / 896460
Fax 0761 / 896470
mail@schwarzwald-tourismus.info
www.schwarzwald-tourismus.info

Fingerhut >

ERLEBNISTOUREN – WANDERN

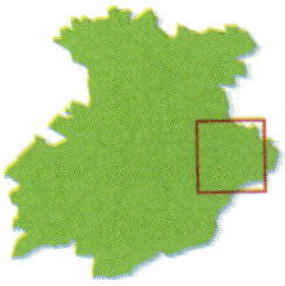

Lage der Tour

TOP-TOUR

1. Wandern in der Wutachschlucht

Länge: ca. 13 Kilometer
Höhenunterschied: gering
Schwierigkeitsgrad: Mittel; je nach Witterung und Jahreszeit ist der Wanderweg mitunter rutschig, vor allem an Steilhängen – gutes Schuhwerk und Vorsicht sind angesagt! Die Strecke ist nicht kinderwagentauglich.
Wegzeichen: rotweiße Raute auf gelbem Grund
Einkehr: Gasthaus Schattenmühle, Tel. 07654 / 1705; Kiosk Wutachmühle

Ein normaler, einigermaßen ausgeglichener Flusslauf bringt es auf etwa 0,1 % Gefälle. Nimmt man dieses als Maßstab, so ist die Wutach alles andere als ausgeglichen. Sondern von geradezu leidenschaftlichem Temperament – immerhin weist sie rund das Zehnfache jenes Norm-Gefälles auf. Den Titisee verlässt sie noch als Gutach, doch dann, nachdem sie hinter Neustadt ihre Kräfte mit denen der Haslach vereint hat, macht sie Ernst: Aus Gut wird Wut. Als geologische Folge jener Urgewalt entstand die Wutachschlucht – genauer betrachtet entsteht sie nach wie vor, denn der Prozess ist mitnichten abgeschlossen. Was den wirtschaftenden Menschen seit jeher vor gewisse Probleme stellte: Das alljährliche Hochwasser sowie immer neue Geländebewegungen verhinderten dauerhafte Brücken- und Straßenbauten. Und jene Müller, welche die Kraft des Wassers nutzen wollten, sahen ihre Existenz nicht selten von der Gewalt des Wassers weggespült. In unserer Zeit bietet die Wutachschlucht den Menschen jedoch etwas anderes, Unbezahlbares: Ein betörend schönes Landschaftserlebnis mit äußerst bemerkenswerter Flora und

< *Die Wutachschlucht*

Fauna – Grund genug für das Land, dieses Areal unter Naturschutz zu stellen. Und Grund genug für den Besucher, die schroffe Schönheit der Wutachschlucht einmal zu erwandern.

Ein möglicher Ausgangspunkt hierbei ist die Schattenmühle (1) (Bushaltestelle), heutzutage der einzige Punkt, an dem die Wasserkraft der Wutach noch genutzt wird. Nun geht es, vorbei an einer unberührten Natur, zunächst ein Stück weit links der Wutach, bevor man selbige mittels einer Brücke überquert. Die nächste Station ist Bad Boll (2) – im 19. Jahrhundert aufgrund seiner Mineralquelle ein renommierter Kurort, mittlerweile sind die ehedem teils luxuriösen Gebäude jedoch abgetragen. Rechts der Wutach führt der Weg nun, vorbei an der Schurhammerhütte (3) (Rastplatz mit Feuerstelle) und der Wutach-Versickerung (4), über den Rümmelesteg wiederum ans linke Ufer, wo man zum so genannten Inselwirts-Keller (5) (gleichfalls ein Rastplatz mit Feuerstelle) gelangt. Kurz hinter diesem wechselt man erneut die Seiten, freut sich am Wiederaustritt der Wutach und erreicht schließlich die Wutachmühle (6). Von hier aus besteht eine Busverbindung zur Schattenmühle.

Informationen

Nebst der empfohlenen Tour gibt es eine Vielzahl weiterer Routen unterschiedlicher Längen, die sich auch kombinieren lassen:

Kappel-Gutachbrücke (Bushaltestelle in Kappel) – Räuberschlössle – Schattenmühle (Bushaltestelle): ca. 10 Kilometer

Schattenmühle (Bushaltestelle) – Bad Boll: ca. 4 Kilometer

Schattenmühle (Bushaltestelle) – Bad Boll – Schurhammerhütte – Inselwirtskeller – Bachheim (Bushaltestelle, Bahnhaltepunkt): ca. 11 Kilometer

Schattenmühle (Bushaltestelle) – Lotenbachklamm (Bushaltestelle): ca. 1 Kilometer

Rundweg: Bachheim (Bushaltestelle, Bahnhaltepunkt) – Inselwirtskeller – Gauchachmündung – Gauchachschlucht bis Burgmühle – Bachheim: ca. 10 Kilometer

Rundweg: Boll (Bushaltestelle) – Bad Boll – Schurhammerhütte – Roßhütte – Boll: ca. 8 Kilometer

ERLEBNISTOUREN – SCHNEESCHUHWANDERN

2. Schneeschuhwanderungen an Seebuck und Feldberg (Gipfel-Trail)

Länge: 8 Kilometer
Höhenunterschied: 320 Meter
Dauer: 3,5 Stunden
Schwierigkeitsgrad: mittel
Wegzeichen: Magentafarbene runde Schilder mit Schneeschuhläufer-Symbol; auf der kleineren Runde („Seebuck-Trail", s. u.) stehen die Zeichen sehr dicht beieinander, auf unserer größeren finden sie sich in etwas lockereren Abständen; bei Nebel gilt es hier genauer hinzuschauen.
Einkehr: Hütten rund um den Feldberg-Gipfel

Einst dienten sie den Menschen dazu, im Winter von A nach B zu kommen, ohne in der weißen Pracht zu versinken – mittlerweile jedoch sind sie zum Trendsport-Gerät geworden: Schneeschuhe. Diese gestatten das Wandern auch unter schwierigsten Schneeverhältnissen – eine interessante Alternative zum Skilanglauf. Sie möchten diese Fortbewegungsart einmal ausprobieren, verfügen jedoch nicht über das passende Material? Kein Problem: Jene knapp einen Meter langen Schneeschuhe lassen sich im Haus der Natur (Adresse siehe S. 194) gegen Entgelt ausleihen, passende Teleskop-

stöcke gibt's gleich dazu. Nun steht der Schneeschuhwanderung nichts mehr im Wege – doch halt! Einige Vorsichtsmaßnahmen sind unbedingt zu treffen: Als Ortsunkundiger sollte man den ausgeschilderten Trails folgen. Kennt man sich aus, gilt es dennoch Waldgebiete zu meiden – sie sind Rückzugsgebiet für die Tiere im Winter. Desweiteren sollte man seine Kräfte auf keinen Fall überschätzen und etwaige Gefahren im Auge behalten. Nebst extremer Kälte und wetterbedingt schlechter Sicht sind diese vor allem in Gestalt der Schneewechten gegeben – durch den Wind abgelagerte, dachartig an steileren Abfällen überhängende Schneemassen, welche leicht abbrechen können. Dass es für alle Naturfreunde Ehrensache ist, auf Tiere und Pflanzen Rücksicht zu nehmen, bedarf kaum der Erwähnung. Wer sich beim Abenteuer Schneeschuhwandern einer kundigen Führung versichern will, kann sich den jeweils am Sonntag um 12 Uhr am Haus der Natur beginnenden Wanderungen anschließen (Voranmeldung erbeten; für Gruppen auch andere Termine möglich)

Vom Haus der Natur (1) aus führt der Weg zunächst in Richtung des Seebuck-Gipfels – Achtung: Kurz hinter dem Bismarck-Denkmal (2) wartet eine Schneewechte, akute Absturzgefahr!

(Hier bietet sich übrigens auch eine kleine Runde an, Gesamtlänge etwa drei Kilometer, Gehzeit anderthalb Stunden, Höhendifferenz 170 Meter: Vorbei am alten Fernsehturm (7) wandert man am Südhang des Seebucks herunter zum Panoramaweg, vor hier aus wieder zurück zum Ausgangspunkt.)

Vom Seebuck-Gipfel geht es zunächst hinunter ins Grüble, zum Mittelbuck hin steigt die Route jedoch wieder an. Vorbei an einer weiteren Schneewechte (3) (Abstand halten!) gelangt man zum höchsten der vier Feldberggipfel (4) – 1.493 Meter! Lohn des Aufstieges ist eine hinreißende Fernsicht – so das Wetter entsprechend ist. Von hier aus kann man entweder die Abkürzung in südlicher Richtung nehmen, welche direkt zur Todtnauer Hütte (6) führt (Berggasthof, Zimmer, kein Ruhetag, Tel. 07676 / 373) – oder die Runde ausschreiten. In diesem Fall geht es zunächst Richtung Westen zur St. Wilhelmer Hütte (5) (Mittwoch Ruhetag, Tel. 07676 / 342). Von dort aus gelangt man über die Todtnauer Hütte (6) erneut ins Grüble und sodann, südlich des Seebucks, zurück zum Ausgangspunkt.

ERLEBNISTOUREN – RADFAHREN

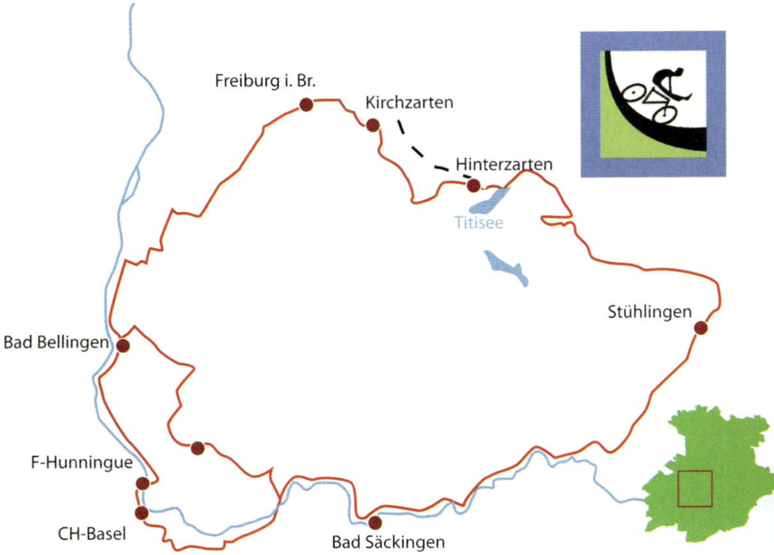

Lage der Tour

3. Südschwarzwald-Radweg

Länge: 264 km
Dauer: 3 bis 4 Tagesetappen
Höhenunterschied: nahezu ohne Anstiege
Wegzeichen: durchgehend mit dem Logo beschildert

Der 264 km lange Südschwarzwald-Radweg verläuft nahezu ohne Höhenanstiege und ist somit besonders für Tourenradfahrer und Familienradler geeignet. Der einzige starke Höhenanstieg – zwischen Kirchzarten und Hinterzarten – kann mit der Bahn überbrückt werden, was rund 500 Höhenmeter einspart. Für die gesamte Runde sollte man 3 bis 4 Tagesetappen einplanen.

Nimmt man Hinterzarten als Ausgangspunkt, führt die Strecke zunächst vorbei an Bergen und Mooren des Hochschwarzwaldes hin zum berühmten Titisee und von dort auf die Baar-Hochebene mit der eindrucksvollen Wutachschlucht. Der Weg verläuft weiter entlang blühender Wiesen und uriger Schwarzwaldhöfe, vorbei an mittelalterlichen Städtchen am deutschen Rheinufer. Bei Rheinfelden führt der Radweg in die Schweiz über Basel, das französische Huningue am Rande des ältesten Naturschutzgebietes im Elsass, der „Petite Camargue", und weiter nach Weil am Rhein. Zurück in Deutschland geht es durch sonnige Weinberge und Kurorte im Markgräflerland bis hinein in Freiburgs Altstadt. Zum Ausgangspunkt der Tour kommt man mit dem Zug ab Kirchzarten-Himmelreich durch das wildromantische Höllental wieder nach Hinterzarten.

Entlang der Strecke gibt es viele interessante Abstecher sowie zwei größere Varianten, die je nach Kondition und Zeit gewählt werden können. Die eine führt über den Dinkelberg zwischen Rheinfelden und Lörrach, die andere hinauf in die Ausläufer des Feldbergmassivs auf den 1.196 Meter hohen Rinken-Pass. Der Einstieg in den Rundweg ist dank der durchgängigen und einheitlichen Beschilderung überall möglich. Die Radwege sind überwiegend asphaltiert, ansonsten verlaufen die Strecken auf gut ausgebauten land- und forstwirtschaftlichen Wegen.

Detailinformationen zur Strecke sowie zu Unterkünften entlang des Weges finden Sie im Internet unter www.suedschwarzwald-radweg.de und im Bikeline-Führer „Südschwarzwald-Radweg – Ohne Höhenanstieg rund um den Naturpark Südschwarzwald" aus dem Esterbauer Verlag.

Auf dem Südschwarzwald-Radweg

FREIZEIT & ERHOLUNG

Cassiopeia-Thermen

Schon die Römer schätzten die warmen Quellen von Badenweiler, immerhin errichteten sie hier die größten Thermalbäder nördlich der Alpen. Das moderne Badevergnügen findet in Sichtweite der alten Ruinen statt – wobei die Betreiber sich nicht nur auf abendländische Bade- und Wellness-Kultur verlegen, sondern auch orientalische Vergnügungen wie etwa das Hamam-Dampfbad im Angebot haben. Alle, die es noch exotischer mögen, können per Sand-Lichtbad einen Tag in der Wüste simulieren – nur ein Beispiel für die vielen Hochgenüsse, welche die Therme bereithält.

Informationen
Ernst-Eisenlohr-Straße 1
79410 Badenweiler
Tel. 07632 / 799-200
Fax 07632 / 799-295
Terminvereinbarungen für Wellnessangebote:
Tel. 07632 / 799-208
Die Öffnungszeiten der vielen Bereiche lassen sich unter www.badenweiler.de nachlesen.

Steinwasen-Park

Der Steinwasen-Park wartet mit allerlei Attraktionen auf, für die sich insbesondere die etwas jüngeren Südschwarzwald-Besucher begeistern können – ein Beispiel ist die rasante Achterbahn „Gletscherblitz", welche mit knapp 45 km/h u.a. durch eine Eskimo-Eiswelt und der Heimat des sagenumwobenen Yetis braust. Auch die Bob-Bahn „Space Runner" verspricht Geschwindigkeits-Erlebnisse, bringt diese es doch immerhin auf 40 km/h. Doch damit nicht genug der Attraktionen: desweiteren gibt es Wildwasserfahrt, 3-D-Simulator, die längste Erlebnisbrücke der Welt (218 m lang und 28 m hoch) und vieles mehr. Der Wildpark schließlich verheißt Einblicke in die Natur mit über 30 Tierarten.

Informationen
Steinwasen 1
79254 Oberried
Tel. 07602 / 94468-0
Fax 07602 / 94468-21
www.steinwasenpark.de
Die Öffnungszeiten je nach Saison finden Sie auf der Website.

Vogelpark Steinen

Auf einem Areal von etwa zehn Hektar Größe präsentiert der Park rund 300 Vogel-Arten aus aller Welt. Im 500 Quadratmeter großen Tropen-Haus kann der Besucher wetterunabhängig über 200 frei fliegende exotische Vögel bestaunen; eine bequem erreichbare Falkner-Anlage ist täglich Ort einer Greifvogel-Flugvor-führung mit Adlern, Falken und Eulen. Auch das Vogelkunde- und Schaubruthaus sowie das Sittich-Freigehege bieten interessante Einblicke in die Welt der Vögel – zu welchen Berberaffen, Kapuziner-Äffchen und Kängurus zwar nicht unbedingt gezählt werden können; dennoch können sich die Besucher auch an diesen Tieren erfreuen.

Informationen

79585 Steinen-Hofen
(in der Nähe von Lörrach)
Tel. 07627 / 7420 (Parkkasse)
Tel. 07621 / 55595 (Verwaltung)
Fax 07621 / 55680 (Verwaltung)
www.vogelpark-steinen.de

Öffnungszeiten

Mitte März bis Anfang November
täglich von 10–17 Uhr.
Sonntags, feiertags und in den
Schulferien länger geöffnet.

< *Luchs im Steinwasenpark*

LEIB & SEELE

Die Käseroute

Saftige Wiesen und Weiden, dazu eine liebevolle Pflege im kleinbäuerlichen Betrieb – was brauchen Kühe, Schafe und Ziegen mehr, um leckerste Milch zu geben! Welche wiederum in jenen kleinbäuerlichen Höfen zu delikatem Käse verarbeitet werden kann. Im Frühjahr 2003 haben 16 solcher Hofkäsereien einen Verein gegründet – Geburtsstunde der „Käseroute im Naturpark Südschwarzwald". Heute laden inzwischen 18 Höfe die Besucher des Naturparks ein, die Leckereien zu verkosten; viele Bauern bieten nach telefonischer Absprache auch Hofbesichtigungen an oder haben Ferienwohnungen.

Weitere Informationen unter:
www.naturpark-kaeseroute.de

Wäldervieh

Die Naturparkwirte Südschwarzwald

„Landschaftspflege mit Messer und Gabel" hat sich eine Gruppe engagierter Gastronomen aufs Panier geschrieben – das klingt doch hervorragend. Umso mehr, als hierbei ja auch noch kulinarische Hochgenüsse anstehen. Die „Naturparkwirte Südschwarzwald" pflegen hiesige Rezept-Traditionen, was jedoch nicht heißt, dass man Fortentwicklungen und Veredelungen abhold wäre, ganz im Gegenteil. Wichtig ist jedoch die Regionalität der Zutaten: Man versucht, möglichst viele Produkte der Schwarzwaldbauern zu verwenden – aus zwei Gründen: Erstens sind jene Produkte von einer sehr hohen Güte, und zweitens werden so die Schwarzwaldhöfe unterstützt, deren Wiesen und Weiden mittlerweile eine untrennbare Verbindung mit der Natur dieser Gegend eingegangen sind.

Weitere Informationen unter:
www.naturparkwirte.de

Echt Schwarzwald – die Marke für Qualität und Genuss

Mit der Marke „echt Schwarzwald" werden landwirtschaftliche Erzeugnisse und Produkte ausgezeichnet, die von ausgesuchten Betrieben aus den Naturparken des Schwarzwaldes kommen. Bisher sind dies Rindfleisch, Brände und Liköre, Weidemilch, Honig sowie Ziegen- und Lammfleisch. Festgelegte, sehr anspruchsvolle Richtlinien und strenge Kontrollen für die Erzeuger- und Verarbeitungsbetriebe garantieren höchste Qualität und besten Genuss.

Die Vermarktung der mit dem Qualitätsmerkmal „echt Schwarzwald" versehenen Erzeugnisse und Produkte erfolgt ausschließlich über regionale Wirtschaftskreisläufe. Langfristiges Ziel ist der Erhalt der historisch gewachsenen Kulturlandschaft mit ihren Wiesen- und Weideflächen sowie die Bewahrung und nachhaltige Entwicklung der traditionellen Landwirtschaft im Schwarzwald.

Weitere Informationen sowie eine Liste mit den Verkaufsstellen finden Sie unter
www.echt-schwarzwald.de.

Die genannten Anbieter stellen nur eine Auswahl dar aus einem großen Angebot von Direktvermarktern.
Informationen unter: www.naturpark-suedschwarzwald.de/essen-trinken

Lage in Baden-Württemberg

Erlebnistouren

Tour 1: Wanderung – Die Eppinger Linien (TOP-TOUR)
Tour 2: Wanderung – Das Licht scheint in der Finsternis: Der Waldenser-Weg
Tour 3: Per Fahrrad durch die Weinberge

Sehenswürdigkeiten

1. Naturparkzentrum Stausee Ehmetsklinge, Zaberfeld
2. NSG Aalkistensee
3. Barfußpfad Kohlplattenschlag (beim Naturfreundehaus Ötisheim)
4. UNESCO Weltkulturerbe Kloster Maulbronn
5. Amthof und Weinplateau Oberderdingen
6. Ravensburg Sulzfeld
7. Schloss Stocksberg
8. Burg Neipperg
9. Freizeitpark und Wildparadies Tripsdrill
10. Historische Weinberganlage (mit Lehrpfad) Geigersberg, Ochsenbach
11. Ruine Blankenhorn
12. Naturparkzentrum Stausee Ehmetsklinge, Zaberfeld
13. Schlossberg Sternenfels
14. Bannwälder Sommerberg und Kesselgraben
15. Aussichtsturm Eselsburg

Naturpark Stromberg-Heuchelberg

Langsam, ganz langsam hebt sich die Hand aus der Erde. Fünf Finger schieben sich empor, dünn sind sie und dunkelgrün... nein, keine Angst: Sie sind nicht im falschen Film. Denn hier geht es, allem Anschein entgegen, in der Tat um den Naturpark Stromberg-Heuchelberg. Genauer gesagt um dessen geologische Entstehung. Aber Eins nach dem Anderen:

Mitunter nehmen die Dinge eine radikale Wendung – das Unterste wird zuoberst gekehrt. Wenn sich solches im Profil einer Landschaft ereignet, sprechen die Fachleute von einer Reliefumkehr. So geschehen dort, wo sich heute Stromberg und Heuchelberg erheben. Nach dem Ende der Keuperzeit vor mehr als 200 Millionen Jahren bildete sich durch tektonische Vorgänge in der Erdkruste in einer flachen Landschaft eine Mulde. Sobald an den höhergelegenen Muldenrändern der Sandstein abgetragen war, wurden rasch die darunterliegenden, weichen Mergelschichten ausgeräumt. Im tiefgelegenen Zentrum der Mulde schützte der harte Sandsteindeckel das Schichtenpaket länger vor Erosion und blieb bis heute erhalten. Mit der Zeit ragte so als Berg hervor, was ursprünglich den tiefsten Punkt bildete.

Wobei sich hier eine ganz besondere Formation einstellte: Wenn man die Landschaft von sehr weit oben betrachtet, gewahrt man, dass ihre waldgrünen Bergrücken die Form einer Hand ergeben. In welcher die Eppinger Hardt den Daumen darstellt, der Heuchelberg den leicht aufgestellten Zeigefinger, die drei Teile des Strombergs schließlich Mittel-, Ring- und kleinen Finger. Zwischen diesen Bergrücken verlaufen die Täler von Lein, Zaber, Kirbach und Metter. Wie zum Gruße weist die Hand gen Osten, mit äußerst einladendem Gestus. Und dazu hat sie allen Grund, gehört das Gebiet, über das sie sich erstreckt, doch zu den schönsten Regionen, die das Land zu bieten hat.

Wald, Wein, Wiese, Wasser

Wenn man das Vergnügen hat, den Stromberg-Heuchelberg in etwas niedrigerer Höhe zu überfliegen, so gewahrt man eine vielfältige Landschaftsstruktur. Welche jedoch, wie man rasch erkennt, durchaus gewissen Regeln folgt: Auf den Nordhängen und Höhenrükken ragen naturnahe Laubwälder auf; an den von der Sonne verwöhnten Südhängen gedeiht der Wein; darunter liegen Streuobstwiesen; in den Tälern schließlich finden sich Gewässer, landwirtschaftliche Flächen und Siedlungen.

Schlüsselblume >

Blick auf die Ravensburg

Ein zarter Hauch von Mittelmeer

Mit einer Jahresdurchschnittstemperatur von ca. 9 Grad Celsius zählt der Naturpark zu den wärmebegünstigten Regionen Südwestdeutschlands – was sich durchaus auch in der Flora niederschlägt: Hier gedeihen viele Arten, die man ansonsten eher im mediterran-submediterranen oder submediterranen Raum bestaunen kann. Nicht selten kamen sie als Folge des Wein- und Ackerbaus ins Land, so etwa Rauer Eibisch, Schöner Pippau und Breitblättrige Wolfsmilch. Auch Gewächse, die man früher zur Herstellung von Würzweinen verwandte, sind hier noch wild anzutreffen – Fenchel, Salbei, Rosmarin und Wermut. Andere Pflanzen submediterraner Herkunft haben sich hier jedoch ganz ohne menschliches Zutun heimisch gemacht, beispielsweise Zarter Lein (Linum tenuifolium), Purpur-Knabenkraut (Orchis opurpurea) und Blauroter Steinsame (Lithospermum purpurocaelereum). An den Mauerkronen der Weinhänge finden sich Blattsukkulenten wie der weiße oder der scharfe Mauerpfeffer – Spezialisten, die sich gegen die Hochtemperaturen von mitunter 60 Grad durch fleischige, mit Wachs überzogene Blätter schützen. An den Säumen zwischen Wein und Wald schließlich gedeihen Raritäten wie Hirschhaarstrang, Weidenalant, Blutroter Storchschnabel oder Kalkaster.

Das kostbare Gut: Der Wald

Nicht zuletzt dank dieser Flora fühlt sich der Besucher zuweilen in südliche Gefilde versetzt. Ein Übriges tun hierbei die Bäume – doch freilich gedeihen hier neben submediterranen Hölzern wie dem Speierling (Sorbus domestica) und der Elsbeere (Sorbus torminalis) auch vertrautere Arten. Und das nicht zu knapp: Fast die Hälfte des Naturparks ist Wald, welcher wiederum zu gut zwei Dritteln aus Laubbäumen besteht; etwa 30 Prozent der Waldfläche ist hierbei – man staune! – von der Eiche bewachsen.

Eine lauschige Idylle – wobei man hierzulande weiß, dass der Wald dieser Tage durchaus auch ökonomische Funktionen erfüllen muss. Doch glücklicherweise ist das hiesige Holz von solch hervorragender Qualität, dass es regelmäßig Preisrekorde bricht. In der Eppinger Hardt gedeihen hervorragende Buchen sowie Ahornbäume, und auch die Eichen des Strombergs sind heiß begehrt: Französische Barrique-Fasshersteller reißen sich förmlich um diesen deutschesten aller Bäume.

< *Eiche im Naturpark Stromberg-Heuchelberg*

Mauerfuchs >

Ein Naturpark voller Leben

So lassen sich ökonomische und ökonomische Interessen vereinen – mit der Folge, dass diese anmutige Waldlandschaft fortlebt. Und auch weiterhin Heimstatt einer äußerst reichen Fauna ist: Die Entomologen z.B. begeistern sich an den Bannwäldern Sommerberg und Kesselgraben bei Häfnerhaslach. Hier krabbeln 25 Holzkäfer- sowie 56 Laufkäferarten durch 58 Hektar naturbelassener Wildnis, die zugleich auch 28 Vogelarten ein Zuhause bietet. Wie die Region überhaupt sehr reich an Vögeln ist: Gleich der gesamte Stromberg wurde zum Vogelschutzgebiet erklärt; der FFH-Status (Fauna-Flora-Habitat, eine Naturschutzrichtlinie der EU) ist für große Teile des Naturparks angemeldet, sodass sich Ornithologen auch weiterhin über Wanderfalke, Kolkrabe, Heidelerche und Mittelspecht freuen können. An Stillgewässern wie Roßweiher oder Aalkistensee trifft man Zwerg-taucher, Teichralle und Rohrammer an. Doch damit nicht genug der Tiervielfalt: Ständige Naturparkbe-wohner sind Reptilien wie die hierzulande seltene Mauereidechse (und freilich auch deren Feind, die stark gefährdete Schlingnatter). Nicht zu vergessen schließlich die Säugetiere – umso mehr, als sich im Gebiet des Naturparks sogar eine Population der extrem seltenen Wildkatze (Felis silvestris) etabliert hat.

Kaisermantel und Mauereidechse

Weingemeinde mit Weltrekord

Doch nun wird es höchste Zeit, den Wald zu verlassen und die sonnigen Südhänge aufzusuchen, wo das nächste große „W" der Region wartet: der Wein. Denn was geht über eine Landschaft, die sich auch mit dem Gaumen genießen lässt? Mehr als zwanzig Rebsorten werden hier zu köstlichen Tropfen ausgebaut; dabei sind im Naturpark durch die Württemberger Weinstraße bzw. die Weinstraße Kraichgau-Stromberg zwei sehr renommierte Weinbaugebiete verbunden: Baden und Württemberg. Rekordträchtig ist hierbei das Städtchen Brackenheim: Mit 825 Hektar Rebfläche kann man sich rühmen, die größte Weinbaugemeinde Württembergs zu sein. In Sachen Rotwein-Fläche steht man auf Platz Eins der Bundes-Charts; besonders stolz ist Brackenheim dabei auf seinen leckeren Lemberger, bei dessen Produktion man gar die Weltrangliste anführt. Doch auch jenseits des Rebensaftes hat Brackenheim Besonderes zu bieten: Theodor Heuss, erster Präsident der Bundesrepublik Deutschland, ist ein Sohn dieser Stadt.

Lemberger im Naturpark Stromberg-Heuchelberg

Kloster Maulbronn

Kloster Maulbronn: Hölderlin und Doktor Faust

Überhaupt erschöpft sich der Reiz dieser Region nicht allein in der Schönheit ihrer Natur. Auch Menschen haben hier ihre Spuren hinterlassen, teils sind sie materieller, teils ideeller Art. Unter Ersteren ist zuvorderst ein veritables Stück Weltkulturerbe zu nennen: das berühmte Kloster Maulbronn, im 12. Jahrhundert begründet und heute die am vollständigsten erhaltene mittelalterliche Klosteranlage nördlich der Alpen. Welche dem Besucher etliche bauliche Kostbarkeiten offenbart, in erster Linie solche der beginnenden Gotik. Zudem wandelt man hier auf den frühen Spuren großer Männer: Johannes Kepler, Friedrich Hölderlin und Hermann Hesse hatten die hiesige Schule besucht, bevor sie zu Weltruhm gelangten. Auch Doktor Faust war, so munkelt man, einst im Kloster zugegen – immerhin war dessen hier amtierender Zeitgenosse, Abt Johann Entenfuß, der Alchemie nicht weniger zugetan als jener legendäre Esoteriker.

Und Faust hatte es womöglich gar nicht weit: Eines der Dörfer, die für sich reklamieren, Geburtsort des nachmalig klassischen Dramenhelden zu sein, ist das unweit des Klosters gelegene Knittlingen.

Knittlinger Faust-Museum
Kirchplatz 2
75438 Knittlingen
Tel. 07043 / 37370 oder
07043 / 951610
Öffnungszeiten
Di–Fr 9.30–12 u.
13.30–17 Uhr;
Sa/So/Fei 10–18 Uhr

Burgen, Schlösser, Fachwerkzauber

Melanchthonhaus
Melanchthonstraße 1
75015 Bretten
Tel. 07252 / 957620 oder
07252 / 94410
Öffnungszeiten
Mitte Februar – Ende
November
Di–Fr 14–17 Uhr,
Sa/So 11–13 u. 14–17 Uhr,
Änderungen vorbehalten

Historisch allemal gesichert ist, dass in Bretten anno 1497 ein anderer großer Geist das Licht der Welt erblickte: der Reformator Philipp Melanchthon. Heute kann der Besucher sich dem „Lehrer Deutschlands" im Melanchthonhaus am hübschen Marktplatz nähern. Man sieht: Die Region ist durchaus reich an Geschichte. Auch wer sich an romantischen Burgen begeistert, kommt hier voll auf seine Kosten; sehenswert sind u. a. die Ravensburg in Sulzfeld (zauberhafte Aussicht, mit Restaurant), Schloss Stocksberg (begründet im 13. Jahrhundert) oder die Ruine Blankenhorn (schön gelegen, mit Grillplatz). Auch die Dörfer, Städtchen und Städte des Naturparks können sich durchweg sehen lassen: Liebevoll restaurierte Kerne,

Schloss Stocksberg

hübsches Fachwerk und dazu Sehenswürdigkeiten erster Güte, wie z. B. der Amthof in Oberderdingen, der unter Fachleuten als der besterhaltene klösterliche Wirtschaftshof in Süddeutschland gilt.

Kurzum: Zwischen Karlsruhe, Heilbronn, Ludwigsburg und Pforzheim bietet sich ein perfektes Ensemble aus Wald, Wein, Wiesen und Wasser, versehen mit vielerlei Monumenten einer reichen Geschichte. Grund genug, jene 33.000 Hektar zum Naturpark zu erklären. So geschehen im Jahre 1980 – seither streckt sich die Hand des Stromberg-Heuchelbergs noch einladender über die Region: Ein Stück zauberhafter Freizeitlandschaft freut sich auf seine Besucher.

Fachwerkromantik in Oberderdingen

INFORMATIONEN

Naturpark
Stromberg-Heuchelberg e. V.
Naturparkzentrum
Stausee Ehmetsklinge
74374 Zaberfeld
Tel. 07046/884815
Fax 07046/884816
info@naturpark-stromberg-heuchelberg.de
www.naturpark-stromberg-heuchelberg.de

Sprungbrett in die Natur: das Naturparkzentrum

Mitten in der Natur gelegen informiert das Naturparkzentrum über Landschaft und Kultur der Naturoase zwischen Pforzheim und Heilbronn. Mit Kletterwand, Geräuschetunnel, Hörstationen, Multivisionsschau und vielem mehr können sich Naturliebhaber jeden Alters auf einen Besuch der Wein-Wald-Region einstimmen. Eine Hausralley macht den Besuch der Ausstellung für Kinder zur kurzweiligen Expedition. Die moderne Erlebnisschau macht Lust, die reizvolle Landschaft des Naturparks auch „in echt" zu entdecken. Im Foyer des Naturparkzentrums warten vielfältige Infomaterialien auf die Besucher.

NATURPARKFÜHRER STROMBERG-HEUCHELBERG

Naturkundliche und kulturhistorische Erlebnisführungen für Jung und Alt bieten die BANU-zertifizierten Naturparkführer.
Informationen
www.naturparkfuehrer-stromberg-heuchelberg.de

ARANEUS

Araneus ist ein Verein für Umweltbildung und Naturerfahrung, der seit 1994 Aktivitäten im Bereich Umweltbildung, Naturerfahrung, Naturschutz und Landeskunde anbietet, hierzu verfügt man über Fachleute aus verschiedenen Bereichen.
Informationen
Araneus e. V.
Zeppelinstraße 23, 75417 Mühlacker
Tel. 07041 / 861070
Fax 07041 / 861080
araneus.ev@t-online.de

ORNI SCHULE

Die Orni Schule e. V. ist ein eine private Umweltbildungseinrichtung mit dem Schwerpunkt Ornithologie. Mittels verschiedener technischer Methoden und einer eindrucksvollen Schausammlung wird viel Wissenswertes über Vögel präsentiert.
ORNI-Schule e. V. Gemmingen
Informationen
1. Vorsitzender und Geschäftsführer
Ralf Gramlich
Schomberg, 75050 Gemmingen
Tel. 07267 / 8383
orniSchule@web.de

Haberschlacht

WANDERWALTER

Der Naturpark Stromberg-Heuchelberg hat das im Schwäbisch-Fränkischen Wald (siehe dort) entwickelte Wander Walter-System übernommen, sodass nun auch hierzulande gilt: Pocket-Computer + Gratis-Software = digitale Wanderkarte mit vielen Informationen zu Routen, Sehenswürdigkeiten und Aktivitäten.

Informationen
Näheres auf der Website des Naturparks oder auf www.wanderwalter.de

LITERATUR

Breunig, Thomas und Jürgen Trautner: Naturraumkonzeption Stromberg-Heuchelberg. Im Auftrag der Bezirksstelle für Naturschutz und Landschaftspflege Karlsruhe. Karlsruhe 1996. ISBN: 3-00-001050-5

Schwäbischer Albverein (Hrg.): Naturpark Stromberg-Heuchelberg. Natur, Heimat, Wandern. Mit Beiträgen von Gerhard Götz, Theodor Kiefner u. a. 268 S. mit meist farbigen Abbildungen und Kartenskizzen. Beiliegend eine Wanderkarte. Stuttgart, Theiss 2004. ISBN 3-8062-1372-0

Buck, Dieter.: Das große Buch vom Stromberg-Heuchelberg. Natur, Kultur, Geschichte, Orte. Tübingen, Silberburg-Verlag, 1. Aufl. 2006. ISBN-13 978-3-87407-704-0

Eine aktuelle Literaturliste und weitere Tipps sind auf der Homepage des Naturparks zu finden

KARTE

Landesamt für Geoinformation und Landentwicklung Baden-Württemberg: Freizeitkarte 517 Heilbronn. Naturpark Stromberg-Heuchelberg. 1:50.000. Offizielle Karte des Naturparks in Zusammenarbeit mit den Wanderverbänden. 2. Auflage, Stuttgart 2007. ISBN 978-3-89021-610-2

INFORMATIONEN ZU UNTERKÜNFTEN UND TOUREN

Touristikgemeinschaft
HeilbronnerLand e. V.
Lerchenstraße 40
74072 Heilbronn
Tel. 07131 / 9941390
Fax 07131 / 9941391
service@heilbronnerland.de
www.heilbronner-land.de

Kraichgau-Stromberg Tourismus e. V.
Melanchthonstraße 32
75015 Bretten
Tel. 07252 / 96330
Fax 07252 / 963312
info@kraichgau-stromberg.com
www.kraichgau-stromberg.com

Winterimpression >

ERLEBNISTOUREN – WANDERN

Lage der Tour

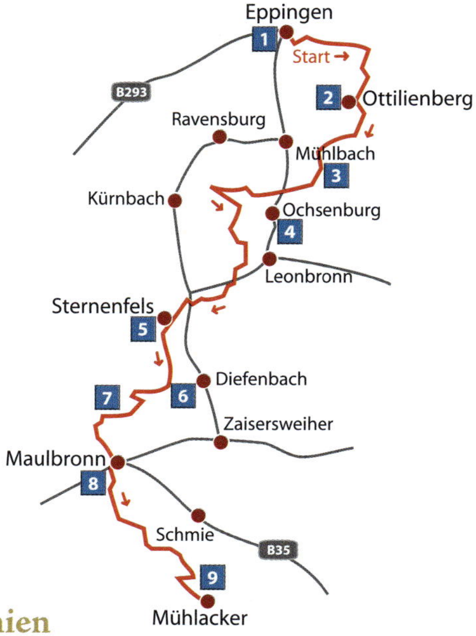

TOP-TOUR

1. Die Eppinger Linien

Länge: ca. 32 Kilometer; die Tour lässt sich hervorragend in zwei etwa gleich lange Etappen teilen: Am ersten Tag wandert man bis Sternenfels, am zweiten bis Mühlacker. Von dort aus kann man per Bahn über Bretten nach Eppingen zurückfahren.
Dauer: zehn bis zwölf Stunden reine Wegzeit
Wegzeichen: stilisierte Chartaque, s. u.; 18 Informationstafeln auf der Strecke
Schwierigkeitsgrad: Mittel; wegen der mitunter etwas feuchten Waldwege sollte man festes Schuhwerk tragen.
Einkehr: Bis Sternenfels keine Einkehrmöglichkeit, deshalb empfiehlt sich für die erste Etappe ein wohlgefüllter Rucksack. In Eppingen, Sternenfels, Maulbronn und Mühlacker gibt es Gaststätten.

Ludwig XIV., der Sonnenkönig, war zeit seiner Regentschaft bemüht, Frankreichs Macht und Größe zu mehren – wenn's sein musste auch auf Kosten seiner Nachbarn. So streckte Louis le Grand 1685 auch seine Hand nach der Pfalz aus. Drei Jahre später war diese Hand gar bewaffnet: Französische Truppen fielen ins südwestliche Deutschland ein, was sich in der Folgezeit jedes Frühjahr wiederholte. 1693 beschloss der Kaiser, Gegenmaßnahmen zu ergreifen, und beauftragte Markgraf Ludwig Wilhelm von Baden mit der Verteidigung – den legendären Türkenlouis. Dieser erkannte, dass man am Oberrhein ein Verteidigungswerk brauchte. Odenwald und Schwarzwald waren natürliche Hindernisse, zwischen Neckargemünd und Pforzheim aber musste man bautätig werden. So entstanden die Eppinger Linien: Waldschneisen, Gräben, Wälle, in regelmäßigen Abständen mit Wachtürmen (Chartaquen) versehen. Ein wehrhaftes Werk: Die Eppinger Linien wurden nie überwunden. Nun ja: Streng genommen auch nie angegriffen – was wiederum für ihre Güte zeugen mag.

Heutzutage lässt sich entlang der Befestigungsreste eine zauberhafte Wanderung unternehmen. Welche ihren Ausgangspunkt in Eppingen (1) hat – das freilich an sich schon schön genug ist, um einen längeren Aufenthalt zu rechtfertigen: Die alte Universitätsstadt wartet mit einem anmutigen Fachwerk-Ensemble auf. (Ja, Sie haben recht gelesen: In der Tat hat Eppingen eine „Alte Universität" – während der Pest-Epidemie 1564/65 wurde der Heidelberger Lehrbetrieb hierhin ausgelagert.)

Von Eppingen aus geht es in den Wald, dort auf der „Himmelsleiter" steil bergan zum Ottilienbergparkplatz (Abstecher zum Ottilienberg (2) möglich, hier bietet die Turmruine der gotischen Kapelle eine herrliche Aussicht). Die nächste Station ist der Parkplatz Rottstück, hier kann man eine rekonstruierte Chartaque (3) bewundern. Sodann genießen wir die bezaubernde Aussicht, lassen Ochsenburg (4) links liegen (oder statten dem Dörfchen einen Kurzbesuch ab – immerhin befinden sich hier noch zwei Nebengebäude des einstigen Renaissance-Schlosses) und gehen weiter südwestlich bis nach Sternenfels. Hier lohnt insbesondere der Schlossberg (5) (heute Aussichtsturm mit Museum) eine Besichtigung.

Ein wenig südlich wartet der Ortsteil Diefenbach (6) mit schmuckem Fachwerk auf; von hier führt der Weg über den Scheuelberg (7) (Schanze, hinreißende Aussicht). Bald ist Maulbronn (8) erreicht – der kulturelle Höhepunkt dieser Tour. Nach einer Klosterbesichtigung geht es entlang der Schanzen durch den Wannenwald; schließlich ist das hübsche Mühlacker (9), Endziel unseres Linienweges, erreicht.

Diefenbach

ERLEBNISTOUREN – WANDERN

2. Das Licht scheint in der Finsternis: Der Waldenser-Weg

Länge: ca. 25 Kilometer
Rückfahrmöglichkeiten mit ÖPNV:
ab Schönenberg-Kirche mit Bus/S-Bahn über Mühlacker oder Bretten
Schwierigkeitsgrad: einfach
Wegzeichen: das Waldenserwappen („Lux lucet in tenebris", „Licht scheint in der Finsternis")
Einkehr: in den Dörfern entlang der Strecke

Auf zur nächsten Tour durch die spannende Natur- und Geschichtslandschaft des Stromberg-Heuchelbergs! Im Grunde schließt sie chronologisch an die Top-Tour an: Nachdem der Pfälzer Erbfolgekrieg 1697 beendet war, fand Louis XIV. wieder Zeit, die schon lange währende Verfolgung der Waldenser fortzusetzen. In Savoyen lebte noch eine kleine Minderheit jener christlichen Laienbewegung, was der Sonnenkönig zum Anlass nahm, Druck auf den dasigen Herzog auszuüben. Und dieser gab nach: Die Waldenser wurden vertrieben und gelangten auf einem Hungermarsch in die

Schweiz, wo sie überwinterten, bevor sie 1699 in Süddeutschland angelangten, u. a. im Gebiet des heutigen Naturparks. Zunächst standen die Einheimischen den Zuwanderern nicht allzu freundlich gegenüber; immerhin sprachen diese Französisch, und mit frankophonen Besuchern hatte man jüngst, siehe oben, durchaus üble Erfahrungen gemacht.

Doch bald darauf durften die Neuankömmlinge ihre ersten eigenen Gemeinden gründen. Und bald harmonisierte sich auch das Verhältnis zu den Alteingesessenen – immerhin brachten die Waldenser zwei extrem interessante Dinge mit: die Strumpfwirkerkunst, welche man hierzulande vordem nicht kannte; ebenso wenig wie eine äußerst exotische Frucht, die nun erstmals in die württembergische Erde gesteckt wurde: die Kartoffel.

Unsere Wanderung beginnt im anheimelnden Großvillars (1) – wie der Name schon nahe legt, handelt es sich bei diesem Dorf um eine Waldenser-Gründung. Ein ehemaliges Handwerkerhaus aus dem Jahre 1864/65 beherbergt heute das Heimatmuseum „Waldenserhäusle" (Freudensteiner Straße; geöffnet sommersonntags 13–17 Uhr, wintersonntags 13–16 Uhr sowie auf Anfrage; Tel. 07045 / 2838). Die Freudensteiner Straße mit ihrem alten Fachwerk ist sehenswert; sie beginnt an der gleichfalls sehenswerten Waldenserkirche. Von Großvillars aus geht unsere Wanderung über befestigte Feldwege, entlang der Straße nach Knittlingen. Hier lohnt der alte Ortskern mit seinem Faustmuseum (2) (*siehe* oben) ein längeres Verweilen.

Sodann führt der Weg in Richtung Kleinvillars, zunächst ein kleines Stück über die Straße, anschließend durch idyllische Streuobstwiesen und den Schillingswald. Vorbei an der Lerchenmühle (3) und dem von den Maulbronner Zisterziensern angelegten Aalkistensee (4) (Naturschutzgebiet) gelangen wir nun zum Ölbronner Eichelberg (5), von dem sich eine schöne Aussicht bietet. Dem Schanzgraben der Eppinger Linien folgend, kommen wir ins Erlenbachtal; durch den Wannenwald geht es anschließend hinauf zur Sternschanze und Chartaque (6), dann wandern wir die Weinberge herab nach Schönenberg. Hier befindet sich das Waldensermuseum im Henri-Arnaud-Haus (7) (geöffnet Dienstag und Sonntag, 14–17 Uhr; im August und vom 15.12. bis zum 15.01. geschlossen; Anmeldungen von Gruppen erbeten, Tel. 07041 / 7436).

Henri-Arnaud und Waldensermuseum im Henri-Arnaud-Haus

ERLEBNISTOUREN – RADWANDERN

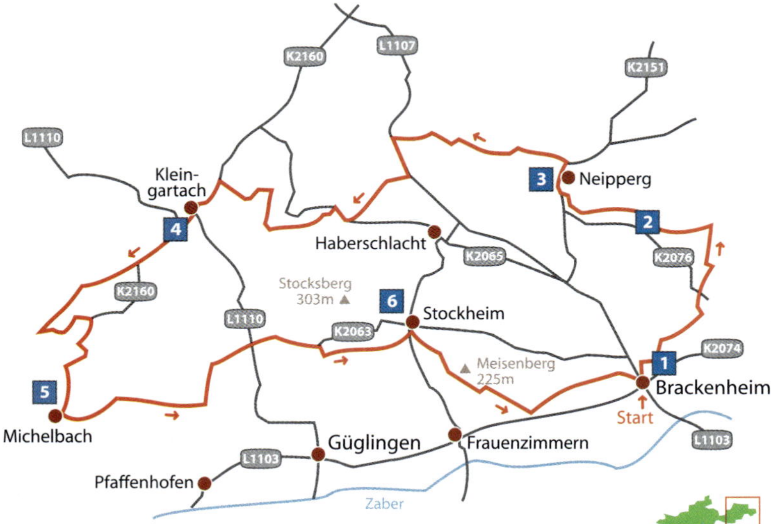

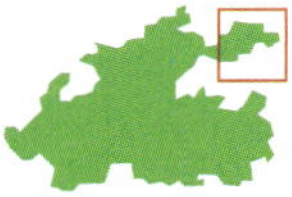

Lage der Tour

3. Durch die Weinberge

Länge: ca. 31 Kilometer
Dauer: Reine Fahrzeit etwa zwei Stunden – aber die Stationen lohnen einen Aufenthalt!
Schwierigkeitsgrad: einfach bis mittel; einige kurze, mitunter recht anspruchsvolle Steigungen
Einkehr: in den Dörfern entlang der Strecke

Unsere Tour beginnt in Brackenheim, dessen Altstadt (1) allemal einen kleinen Tour-Prolog wert ist: im Süden das Schloss aus dem 16. Jahrhundert, auf dem Friedhof die spätromanische Basilika mit ihrem hochgotischen Chor, dazu viel schickes Fachwerk, zuvorderst das der ehemaligen Prädikatur aus dem Jahre 1513.

Nun halten wir uns nördlich, Richtung Dürrenzimmern, an dessen nördlichem Ausgang wir am Sportgelände zunächst links, kurz darauf rechts abbiegen. Am Fuß der Weinberge halten wir uns wiederum links und gelangen, vorbei am Mönchsbergsee (2), nach Neipperg, einem lauschigen Dorf, welches von seiner stattlichen, aus dem 12. Jahrhundert stammenden Burg (3) überragt wird.

Kurz vor dem Ortsende Neippergs biegen wir links über den Klingenweg in die Weinberge ein, wo wir uns aber nicht bergauf, sondern auf dem unteren Weg in Richtung Wald bewegen. Dort erwartet uns ein kurzer Anstieg; an Kreuzungen halten wir uns immer links bis zur Straße Stetten-Haberschlacht (L1107), in welche wir wiederum links einbiegen.

Hier nehmen wir die zweite Abzweigung nach rechts und radeln auf geteertem Feldweg bis zur Straße Haberschlacht-Niederhofen (K2065), in welche wir abermals rechts einbiegen, um sie ein kurzes Stück bergauf zu fahren, sie dann aber bei der zweiten Gelegenheit in linker Richtung zu verlassen. Nun geht es ein kurzes Stück bergan; wir nehmen die Zweite links, radeln auf dem Grasweg, halten uns unter der Hochspannungsleitung rechts, dann sofort wieder links bis zum Grillplatz. Von hier aus geht es auf geteertem Weg rechts in nördlicher Richtung herunter – Vorsicht, die Kurven sind mitunter sehr eng! Nun folgen wir dem Radweg nach Kleingartach (4), wo es die Chorturmkirche von 1468 und Reste der mittelalterlichen Stadtbefestigung zu bewundern gilt. Anschließend fahren wir die K2160 in Richtung Zaberfeld, halten uns jedoch, wenn diese links abknickt, weiter geradeaus, vorbei am Tennisgelände und dem Grillplatz mit Hütte. Nach Überquerung des Baches wenden wir uns sofort links bergauf, dann rechts bis zum Grill- und Spielplatz an der Straße Kleingartach-Michelbach, der wir wiederum rechts nach Michelbach folgen, wo uns eine Pfarrkirche (5) mit gotischem Ostchorturm sowie einem Wandtabernakel aus dem Jahre 1468 erwartet. Kurz hinter dem Ortseingang zweigt links die Schulstraße ab, auf dieser geht es geradeaus, vorbei am Ausflugslokal Wildgehege. Nach 500 Metern biegen wir links ab, an der Gabelung halten wir uns rechts und überqueren die L1110. Nun geht es geradeaus weiter über die Heerstraße. Kurz bevor diese die K2063 erreicht, biegen wir rechts ab, dann sofort links und gelangen durch die Weinberge nach Stockheim (6), dessen Hauptsehenswürdigkeiten das Deutschorden-Amtshaus (1604), die spätgotische Pfarrkirche (Schnitzaltar) sowie das Schloss Stocksberg (16. Jhd.) sind. An der Straße nach Frauenzimmern geht es zuerst links, dann sofort wieder rechts in die Talstraße, dann geradeaus auf dem Grasweg, dann rechts bis zum Wurmbach. Diesem folgen wir, bis wir unmittelbar vor der Einmündung in die Straße Frauenzimmern-Brackenheim Gelegenheit haben, nach links abzubiegen. Nun geht es bergab, an der T-Abzweigung halten wir uns rechts und radeln durch die Weinberge nach Brackenheim hinunter.

FREIZEIT & ERHOLUNG

Erlebnispark Tripsdrill

Der Erlebnispark Tripsdrill geht auf das Jahr 1929 zurück – damit dürfte er deutschlandweit einer der ältesten seiner Art sein. Auch in Sachen Thematik setzt man auf Tradition: Das Leitmotiv des Parks ist „Schwaben Anno 1880". Doch in dieser historisierenden Landschaft geht es durchaus hoch her – im wahrsten Sinne des Wortes: Mittels des „Doppelten Donnerbalkens" erhebt man sich zunächst auf Baumwipfelhöhe, um anschließend per Schussfahrt hinab in die Tiefe zu sausen – nur eine von insgesamt hundert Attraktionen. Daneben stehen z. B. noch Achterbahn-, Holzkasten-, Badewannen- und Waschzuberfahrten an. Angeschlossen ist ein Weinbau-Museum, ein Heimat-Museum sowie das Tripsdriller Wildparadies – ein Wildpark samt Streichelzoo.

Informationen

Erlebnispark Tripsdrill GmbH
74389 Cleebronn/Tripsdrill
Tel. 07135 / 9999
Fax 07135 / 999666
www.tripsdrill.de

Öffnungszeiten

Geöffnet von Anfang April bis Anfang November, täglich von 9–18 Uhr; an Wochenenden, Feiertagen und in den Ferien öfter mal länger, in der Nebensaison teilweise auch kürzer.

Erlebnispark Tripsdrill >

LEIB & SEELE

Unter www.naturpark-stromberg-heuchelberg.de finden sich im Freizeitplaner WanderWalter etliche Adressen von Betrieben, welche naturnahe Produkte herstellen und selbst vermarkten. Gerade an Weingütern herrscht hier wahrlich kein Mangel. Doch auch andere Spezialitäten stehen im Angebot. Einige Beispiele:

Coburger Fuchsschafe

Mit den seltenen Coburger Fuchsschafen beweidet Familie Hering Streuobstwiesen und das Naturschutzgebiet Spitzenberg. Nach telefonischer Vereinbarung kann man hier Lammfleisch (Vorbestellung), kadierte Schafwolle (Märchenwolle) und Schafwollprodukte kaufen.

Informationen

Bioland-Schafhaltung
Familie Hering
Grüner Winkel 28
74374 Zaberfeld
Tel. 07046 / 7741

Bioland-Imkerei

In der vielfältigen Blütenpracht rund um den Rodbachhof sammeln die Bienen emsig Nektar. Durch die besondere Pflege der Bienenvölker entstehen Honige von feinster Qualität. Führungen auf Anfrage.

Informationen

Bioland-Imkerei
Familie Steinhausen
Rodbachhof 24
74397 Pfaffenhofen
Tel. 07046 / 881275

Produkte aus Biogetreide

In der Burgermühle wird seit 1968 Biogetreide zu Mehl, Grieß und Müsli verarbeitet. Der BioMarkt präsentiert ein reiches Sortiment an Trocken- und Teigwaren, Obst, Gemüse und Milchprodukten. Für Gruppen ab 8 Personen sind Besichtigungen möglich.

Informationen

Spielberger BioMarkt
Burgermühle
74336 Brackenheim
Tel. 07135 / 98150
www.naturataspielberger.de

Landschaft bei Sternenfels

Admiral

Naturkostladen
Milch von hofeigenen Ziegen, leckerer Ziegenkäse, Obst, Gemüse, Getreide aus Eigenanbau sowie Ziegen-, Lamm- sowie Kaninchenfleisch. Und mit etwas Glück sehen Sie die zugehörige Ziegenherde am Ortsende weiden.
Informationen
Naturkostladen Familie Schrempf
Zeppelinstraße 6
74389 Cleebronn
Tel. 07135 / 12624

Biolandbetrieb mit Gaststätte
Ein Biolandbetrieb (Ackerbau) mit schön gestaltetem Hofgelände; eine Terrasse direkt an der Zaber lädt zur zünftigen Vesper ein. Speisen und Getränke aus regionaler und z. T. ökologischer Produktion.
Informationen
Zum Sophienhof
Albrecht Korn
74363 Güglingen
Tel. 07135 / 13500
www.zum-sophienhof.de

Töpferkunst
Herbert Wenzel hat für seine Töpferkunst schon viele Auszeichnungen erhalten, z. B. den Ersten Preis für Gefäßkeramik der Handwerkskammer Köln-Aachen. Sein Geschäft existiert schon seit 27 Jahren.
Informationen
Töpferei Wenzel
Hintere Gasse 19
75038 Oberderdingen
Tel. 07045 / 2828
www.toepferei-wenzel.de

Historische Ölmühle Illingen
In sechster Generation presst Familie Krauth in der Ölmühle Illingen Walnussöl im Kaltpressverfahren- heute noch mit der Originalreinrichtung von 1904.
Informationen
Ölmühle Illingen
Familie Krauth
Mühlstraße 1, 75428 Illingen
Tel. 07042 / 2 25 80
info@oelmuehle-illingen.de

Die genannten Anbieter stellen nur eine Auswahl dar aus einem großen Angebot weiterer Naturproduktbetriebe.
Informationen: www.naturpark-stromberg-heuchelberg.de

Weg bei Ochsenburg und WanderWalter im Einsatz

ÜBERNACHTUNGSVERZEICHNIS

NATURPARK NECKARTAL-ODENWALD

JUGENDHERBERGEN

Jugendherberge Dilsberg
Dilsberg ist ein Ortsteil von Neckargemünd, 16 km neckaraufwärts von Heidelberg. Der mittelalterliche Ortskern mit Burgruine und vollständig erhaltener Stadtmauer liegt hoch über dem Neckar. Die Jugendherberge ist Teil der Stadtmauer mit integriertem Stadttor.
Informationen
Katharina und Matthias Dreschert
Untere Straße 1
69151 Neckargemünd-Dilsberg
Tel. 06223 / 2133
Fax 06223 / 74871
info@jugendherberge-dilsberg.de
www.jugendherberge-dilsberg.de
Ausstattung
78 Betten, 3 Gemeinschaftsräume, Gitarre, Spielraum mit Tischkicker, Tischtennisplatte innen und aussen, Freiluftschach
Preise
Ü/F ab 18,60 €
Ü/HP ab 24 €
Ü/VP ab 28 € Mitglieder ab 27 Jahren zahlen einen Mehrpreis von 4 € pro ÜN. Kinder unter 3 Jahre frei, von 3–5 Jahren 50 % Ermäßigung
Öffnungszeiten
Ganzjährig geöffnet,
Voranmeldung empfohlen

Jugendherberge Heidelberg International
Die JH liegt im "Neuenheimer Feld", im Nordwesten der Stadt Heidelberg , direkt am Neckar. Sie ist umgeben von Freizeiteinrichtungen, wie Sportanlagen, Bad und Zoo.
Informationen
Martina und Andreas Rihm
Tiergartenstr. 5
69120 Heidelberg
Tel. 06221 / 651190
Fax 06221 / 6511928
info@jugendherberge-heidelberg.de
www.jugendherberge-heidelberg.de
Ausstattung
485 Betten, 6 Vierbettzimmer mit Dusche/WC für Rollstuhlfahrer, Bistro, Disco, 12 Seminarräume, Touristpoint, Internetraum, W-Lan, Volleyballfeld, Tischtennis
Preise
Ü/F ab 24,10 €
Ü/HP ab 29 €
Ü/VP ab 33 € Mitglieder ab 27 Jahren zahlen einen Mehrpreis von 4 € pro ÜN. Kinder unter 3 Jahre frei, von 3–5 Jahren 50 % Ermäßigung
Öffnungszeiten
Ganzjährig geöffnet,
Voranmeldung empfohlen

Jugendherberge Mutschlers Mühle Mosbach
Die JH liegt im Stadtteil Neckarelz, am südlichen Ufer der Elz in einer ehemaligen historischen Mühle. Eingang nur möglich über "Weg zum Stadion" an der Elz.

Informationen
Marina und Wilfried Brohn
Zur Alten Mühle 6
74821 Mosbach-Neckarelz
Tel. 06261 / 7191
Fax 06261 / 61812
info@jugendherberge-mosbach.de
www.jugendherberge-mosbach.de
Ausstattung
140 Betten, 6 Gemeinschaftsräume, Disco, überdachter Grillplatz, Volleyballfeld (Tartanbelag) und Basketballkorb, Spielwiese mit Kleinfeldtor, Tischtennis innen/aussen
Preise
Ü/F ab 21,30 €
Ü/HP ab 26,60 €
Ü/VP ab 30,60 € Mitglieder ab 27 Jahren zahlen einen Mehrpreis von 4 € pro ÜN. Kinder unter 3 Jahre frei, von 3–5 Jahren 50 % Ermäßigung
Öffnungszeiten
Ganzjährig geöffnet, Voranmeldung empfohlen

NATURFREUNDEHÄUSER

NaturFreundehaus Zwingenberger Hof
Das Naturfreundehaus liegt auf 131 m über NN am linken Neckarufer mit einem direkten Blick auf die Burg Zwingenberg. Hier kann man auf Lehrpfaden wandern und sich über die Flora und Fauna des Parks informieren. Wir bieten eine regionale Verpflegung an und versorgen unsere Hausgäste, wenn gewünscht, mit ökologischen und fair gehandelten Produkten.
Informationen
Im Hoffeld 7–8
69439 Zwingenberg
Tel. 06263 / 520
Fax 06263 / 429379
nfh-zwingenberg@naturfreunde.de
www.naturfreundehaus-zwingenberg.de
GPS: X9,029791877; Y49,41815385
Ausstattung
Vollbewirtschaftet, 35 Betten, 1 Raum für 40 Pers., 1 Raum für 30 Pers., Gartencafe für 50 Pers.
Preise
ÜN ab 6 €
Öffnungszeiten
Von November bis März 2011 ist das Haus zu folgenden Zeiten telefonisch zu erreichen: Mo, Mi, Do: 10–14 Uhr.

URLAUB AUF DEM BAUERNHOF

Bauernhof Seib
Ackerbau- und Grünlandbetrieb mit Forstwirtschaft mit vielen Tieren (Pferde, Rinder Schweine Federvieh, Hunde, Katzen. Gäste werden auf Wunsch abgeholt.
Informationen
Hartmut Erwin Seib
Im Oberdorf 1
69434 Eberbach-Brombach
Tel. 06272 / 2104
Fax 06272 / 912762
info@bauernhof-seib.de
www.bauernhof-seib.de
Ausstattung
2 Ferienwohnungen für 5 Personen
Preise
nach Vereinbarung, Vor- und Nachsaison ermäßigt,
Öffnungszeiten
Vermietung ganzjährig

NATURPARK OBERE DONAU

JUGENDHERBERGEN

Hohenzollern-Jugendherberge Sigmaringen
Die 2008 komplett modernisierte und erweiterte JH steht am nördlichen Stadtrand, inmitten eines geräumigen Freigeländes. Zertifikat „Familienjugendherberge“
Informationen
Sylvia und Wolfgang Faust
Hohenzollernstr. 31
72488 Sigmaringen
Tel. 07571 / 13277
Fax 07571 / 61159
info@jugendherberge-sigmaringen.de
www.jugendherberge-sigmaringen.de
Ausstattung
126 Betten, Zimmer für Rollstuhlfahrer, 4 Gemeinschaftsräume, Klavier, Keyboard, Volleyballnetz, Beachvolleyballfeld, Basketballkorb, Volleyballnetz, Bolzplatz, Grillhütte
Preise
Ü/F ab 21,30 €
Ü/HP ab 26,60 €
Ü/VP ab 30,60 € Mitglieder ab 27 Jahren zahlen einen Mehrpreis von 4 € pro ÜN. Kinder unter 3 Jahre frei, von 3–5 Jahren 50 % Ermäßigung
Öffnungszeiten
Ganzjährig geöffnet,
Voranmeldung empfohlen

Jugendherberge Leibertingen-Wildenstein
Die mittelalterliche Burg aus dem 11. Jhd.liegt über dem Dontautal in 811 m Höhe auf einem Felsvorsprung. Bahnstation ist das ca. 6 km entfernte Beuron.
Informationen
Beatrice Lier und Thomas Heinrich
88637 Leibertingen-Wildenstein
Tel. 07466 / 411
Fax 07466 / 417
info@jugendherberge-burg-wildenstein.de
www.jugendherberge-burg-wildenstein.de
Ausstattung
156 Betten, 6 Gemeinschaftsräume, Bewegungs- und Unterhaltungsspiele, Burgschenke, Volleyballnetz, Grillplätze, Uhu-Voliere, Spielwiese
Preise
Ü/F ab 19,80 €
Ü/HP ab 25,10 €
Ü/VP ab 29,20 € Mitglieder ab 27 Jahren zahlen einen Mehrpreis von 4 € pro ÜN. Kinder unter 3 Jahre frei, von 3–5 Jahren 50 % Ermäßigung
Öffnungszeiten
Ganzjährig geöffnet,
Voranmeldung empfohlen

NATURFREUNDEHÄUSER

Naturfreundehaus Richard-Joner-Heim (M 50)
Das Naturfreundehaus liegt auf 920 m über NN in der Nähe des Schloßfelsenturmes und ist ein idealer Ausgangspunkt für Wanderungen in der Schwäbischen Alb. Für Fahrradfahrer steht ein

ausgeschildertes und familiengerechtes Radwegenetz zur Verfügung. Im Stadtteil Ebingen gibt es einen Stadtrundweg durch den historischen Innenstadtbereich sowie zahlreiche Museen.
Informationen
Am Waldheim 2
72458 Albstadt-Ebingen
Tel. 07431 / 2739
M50@naturfreundehaus.de
www.M50.naturfreundehaus.de
GPS: N 48°13'09" / E 9°02'24"
Ausstattung
Teilbewirtschaftet (mit Getränken), 10 Betten und 45 Plätze im Lager, 1 Raum für 30 Pers.
Öffnungszeiten
Sa, So und feiertags

Naturfreundehaus Donautal (M 51)
Das Naturfreundehaus liegt oberhalb Neidingens am linken Donautalrandweg, nur 20 Minuten von der bekannten Schaufelsengruppe entfernt. Dieser Wander- und Radweg folgt der Donau bis nach Passau. Auch um Stetten gibt es viele Wander- und Radwanderwege, auf denen man die nähere Umgebung kennen lernen kann.
Informationen
Steighöfe
72510 Stetten am kalten Markt
Tel. 07573 / 2591
naturfreundehaus@naturfreunde-tuttlingen.de
www.naturfreunde-tuttlingen.de
GPS: N 48°06'07" / E 9°03'48"
Ausstattung
Selbstverpflegung, Verpflegung nach Absprache, 36 Betten und 10 Plätze im Lager, 1 Raum für 55 Pers., 1 Raum für 30 Pers., 1 Raum für 12 Pers.
Preise
ÜN ab 7 €
Öffnungszeiten
März–Nov.: Sa, So; für Selbstversorger bis 30 Personen: Mo–So

URLAUB AUF DEM BAUERNHOF

Gutshof Käppeler
Steile, kalkweiße Felswände, Mischwälder und Wiesen kennzeichnen die Gegend am südlichen Rand der Schwäbischen Alb. Hier am Donaudurchbruch, der zu den landschaftlich reizvollsten Gegenden Süddeutschlands zählt, liegt der Gutshof Käppeler inmitten eines romantischen Tals. Die noch junge Donau bildet die natürliche Hofgrenze des historischen Anwesens und umgibt den Hof von drei Seiten.
Informationen
Familie Ernst und Susanne Käppeler
Hofstr. 22
88631 Beuron-Thiergarten
Tel. 07570 / 951910
Fax 07570 / 678
info@gutshof-kaeppeler.de
www.gutshof-kaeppeler.de
Ausstattung
16 Ferienwohnungen
Preise
ab 42 €
Öffnungszeiten
Vermietung ganzjährig

NATURPARK SCHÖNBUCH

NATURFREUNDEHÄUSER

Naturfreundehaus Am Schönbuch (M 20)
Das Naturfreundehaus mit großer Sonnenterrasse liegt in ruhiger Lage im westlichen Teil des Naturparkes auf 551 m über NN und ist bestens geeignet für Wanderungen und Exkursionen. Sechs markierte Wanderrouten von unterschiedlicher Länge befinden sich in unmittelbarer Nähe des Naturfreundehauses. Natürlich kann man den Naturpark auch mit dem Fahrrad erkunden, wobei hierfür eine Vielzahl von asphaltierten Strecken zur Verfügung stehen.
Informationen
Hildrizhauser Str. 103
71083 Herrenberg
Tel. 07032 / 21475
Fax 07032 / 22307
M20@naturfreundehaus.de
www.naturfreundehaus-herrenberg.de
GPS: N 48°36'11" / E 8°54'10"
Ausstattung
Vollbewirtschaftet, 39 Betten,
1 Raum für 70 Pers., 1 Raum für 30 Pers.,
1 Raum für 20 Pers.
Preise
P/N 5 €, K/N (2–14 Jahre) 3 €,
Stellplatz 6,50 €, Kurtaxe/P 0,75 €,
Strom 1KW/h 0,50 €
Öffnungszeiten
Di–Sa 11–22 Uhr und So 10–22 Uhr

Naturfreundehaus Falkenberg (M 46)
Das Naturfreundehaus liegt in Halbhöhenlage am Rande der Metzinger Weinberge, inmitten von Streuobstwiesen und mit Ausblick auf den Nordrand der Schwäbischen Alb. Unser Haus verfügt über 80 Sitzplätze im Innenbereich, eine Kinderspielecke, Spielplatz, Wickelraum und ein großzügiges Gelände für abenteuerlustige Entdecker. Mit einem breiten Getränke- und Speisenangebot aus vorwiegend regionalen Produkten und Zutaten setzen wir eine nachhaltig ökologische Betriebsform um. Das Naturfreundehaus liegt auch an den Natura Trails Jusi und Ermstal, Neuffener Tal und Jusi (www.natura-trails.naturfreunde.de).
Informationen
Neuffener Straße
72555 Metzingen
Tel. 07123 / 4983
nfh-falkenberg@naturfreunde.de
www.naturfreunde-metzingen.de
GPS: N 48°32'42" / E 9°18'25"
Ausstattung
Vollbewirtschaftet, großer Biergarten,
12 Betten und 10 Plätze im Lager,
1 Raum für 60 Pers., 1 Raum für 30 Pers.,
1 Raum für 12 Pers.
Preise
ÜN ab 3,20 €
Öffnungszeiten
Mi–Sa ab 13 Uhr,
So und feiertags ab 10 Uhr

NATURPARK SCHWÄBISCH-FRÄNKISCHER WALD

JUGENDHERBERGEN

Eugen-Nägele-Jugendherberge Murrhardt
Am nördlichen Stadtrand von Murrhardt an der Straße nach Karnsberg gelegen. (Schwäbischen Wald)
Informationen
Thomas Märkle
Karnsberger Str. 1
71540 Murrhardt
Tel. 07192 / 7501, Fax 07192 / 29058
info@jugendherberge-murrhardt.de
www.jugendherberge-murrhardt.de
Ausstattung
134 Betten, 6 Gemeinschaftsräume, 3 Klaviere, Gitarre, überdachte Grillhütte mit Feuerstelle u. Grill, Spiel-/Liegewiese, Tischtennis
Preise
Ü/F ab 19,80 €, Ü/HP ab 25,10 €
Ü/VP ab 29,20 € Mitglieder ab 27 Jahren zahlen einen Mehrpreis von 4 € pro ÜN. Kinder unter 3 Jahre frei, von 3–5 Jahren 50 % Ermäßigung
Öffnungszeiten
Ganzjährig geöffnet, Voranmeldung empfohlen

Jugendherberge Schwäbisch Hall
Die Jugendherberge liegt im Kochertal an der Deutschen Ferienstraße und der Burgenstraße. Die sehenswerte Stadt ist Ausgangspunkt für Ausflüge in das Schlösser- und Burgenland Hohenlohe und den Naturpark Schwäbisch-Fränkischer Wald. Die JH liegt in Höhenlage mit Blick über die Stadt, nahe der Innenstadt.
Informationen
Renate und Klaus Gabler
Langenfelder Weg 5
74523 Schwäbisch Hall
Tel. 0791 / 41050, Fax 0791 / 47998
info@jugendherberge-schwaebisch-hall.de
www.jugendherberge-schwaebisch-hall.de
Ausstattung
133 Betten, 4 Gemeinschaftsräume, Disco, Klavier, Tischtennisplatten aussen, Grillplatz mit Sitzplätzen (Pergola), Spiel-/Liegewiese
Preise
Ü/F ab 21,30 €
Ü/HP ab 26,60 €
Ü/VP ab 30,60 € Mitglieder ab 27 Jahren zahlen einen Mehrpreis von 4 € pro ÜN. Kinder unter 3 Jahre frei, von 3–5 Jahren 50 % Ermäßigung
Öffnungszeiten
Ganzjährig geöffnet, Voranmeldung empfohlen

NATURFREUNDEHÄUSER

Naturfreundehaus Lemberg (M 10)
Das Naturfreundehaus liegt mitten im Wald am Rande einer Hochebene (450 m über NN) in einem familienfreundlichen Erholungsgebiet. Für Naturliebhaber gibt es gut erschlossene Wander- und Radwege durch den Mainhardter Wald, die Hohenloher Ebene sowie die Täler von Kocher, Jagst und Rot, auf denen man die reizvolle Landschaft dieser Region genießen kann. Sehr lohnenswert sind auch die Informationen über die römische Grenzbefestigungsanlage Limes im Naturpark.

Informationen
74545 Michelfeld
Tel. 0791 / 6740
naturfreunde-schwaebischhall
@t-online.de
www.naturfreunde-schwaebischhall.de
GPS: N 49°06'52" / E 9°39'59"
Ausstattung
Verpflegung nach Absprache, 30 Betten, 1 Raum für 80 Pers., 1 Raum für 50 Pers., 1 Raum für 10 Pers., Freizeitraum
Öffnungszeiten
Mo–Fr 14–18 Uhr,
Sa, So und feiertags 10–19 Uhr

Naturfreundehaus Sechselberg (M 13)
Das Naturfreundehaus steht in ruhiger Lage und ist ein guter Wanderstützpunkt. Das Haus ist anerkanntes Schullandheim, Schlafhaus und Gaststätte sind voneinander getrennt.
Informationen
Maiäcker 1
71566 Althütte-Sechselberg
Tel. 07192 / 6117
M13@naturfreundehaus.de
www.naturfreunde-backnang.de
GPS: N 48°56'35" / E 9°32'35"
Ausstattung
Vollbewirtschaftet, 33 Betten, 1 Raum für 55 Pers., 1 Raum für 40 Pers., 1 Raum für 20 Pers., 1 Raum für 15 Pers.
Preise
ÜN ab 13 €
Öffnungszeiten
Sa, So, feiertags und nach Vereinbarung

ECOCAMPING

Sport- und Erholungszentrum Campingplatz Klosterpark
Der Klosterpark Adelberg liegt am Rande des Erholungsortes Adelberg auf den Höhen des Schurwaldes auf der schwäbischen Alb. Auf dem naturnahen Platz wird nur einheimisches Gehölz angepflanzt in gemeinsamen Garten-Aktionen mit den Dauercampern. Direkt an den Campingplatz schliesst sich das Wellenhallenbad samt Saunapark. In unmittelbarer Nähe gibt es auch eine Eis- und Skatehalle sowie eine Tennishalle.
Informationen
73099 Adelberg
Tel. 07166 / 9121029
Fax 07166 / 9121011
klosterpark@adelberg.de
www.adelberg.de/tourismus/campingplatz.html
Touristenstellplätze: 60
Stellplätze insgesamt: 510

Campingplatz Breitenauer See
Der Campingplatz Heilbronn am Breitenauer See liegt im Naturpark „Schwäbisch-Fränkischer-Wald" und im Landschaftsschutzgebiet „Oberes Sulmtal mit Randhöhen". Zur Regulierung des Wasserhaushaltes der Sulm und ihrer Nebengewässer wurde das Rückhaltebecken Breitenauer See erstellt. Der Naherholungszweckverband Breitenauer See wurde gegründet, zu dem auch der Campingplatz gehört.

Informationen
Am Breitenauer See
74245 Löwenstein
Tel. 07130 / 3622
Fax 07130 / 8558
camping-breitenauer-see@t-online.de
www.breitenauer-see.de
Touristenstellplätze: 170
Stellplätze insgesamt: 470

URLAUB AUF DEM BAUERNHOF

Hotel Schönblick
Direkt am Naturpark Schwäbisch-Fränkischer Wald. Hier können Sie Spaziergänge, Radtouren und schöne Wanderungen unternehmen, die freie Natur genießen, Sauerstoff tanken oder einfach nur die Seele baumeln lassen und sich erholen. Ganz genau so, wie man sich das für den Urlaub wünscht.
Informationen
Peter & Silke Stoll
Kretschmerstraße 1
71543 Wüstenrot
Tel. 07945 / 476
Fax 07945 / 1036
hotel-schoenblick-wuestenrot
@t-online.de
www.hotel-schoenblick-wuestenrot.de
Ausstattung
2 Einzelzimmer, 23 Doppelzimmer und 2 Mehrbettzimmer, Trainingslager für Fußballteams
Preise
ÜF ab 40 €
Öffnungszeiten
Vermietung ganzjährig

NATURPARK SCHWARZWALD MITTE/NORD

VIABONO-PARTNER

Schwarzwaldhotel Tanne
Das Schwarzwaldhotel Tanne liegt im idyllischen Tonbachtal. Ruhige Lage; mitten im Baiersbronner Wanderhimmel.; Erlebniswanderungen; gehobene regionale Küche, 500 m2 Tonbacher Waldbad (Schwarzwälder Wellness), Gesundheitsberatung.
Informationen
Tonbachstraße 243, 72270 Baiersbronn
Tel. 07442 / 8330, Fax 07442 / 833100
urlaub@hotel-tanne.de
www.hotel-tanne.de
Ausstattung
97 Betten, 49 Zimmer
Preise
Tagespreise: EZ von 57–75 € mit HP, DZ ab 60 € p.P. HP.
Geführte Wanderungen mit kleiner Verpflegung, Verleih von Wanderkarte,
Rucksack und Wanderstöcken, Wanderstammtisch.
Öffnungszeiten
ganzjährig

JUGENDHERBERGEN

Werner-Dietz-Jugendherberge Baden-Baden
Die JH liegt im Westen von Baden-Baden am Eingang zum Schwarzwald, mit Ausblick über Teile der Stadt und bis in die Rheinebene.
Informationen
Andrea Müller und Uwe Essig
Hardbergstr. 34
76532 Baden-Baden
Tel. 07221 / 52223
Fax 07221 / 60012
info@jugendherberge-baden-baden.de
www.jugendherberge-baden-baden.de
Ausstattung
147 Betten, 7 Betreuerzimmer, 2 Gemeinschaftsräume, Kreativhalle (170 m2) DVD-Player, Klavier, Grillplatz, Liegewiese,Tischtennis
Preise
Ü/F ab 21,30 €
Ü/HP ab 26,60 €
Ü/VP ab 30,60 € Mitglieder ab 27 Jahren zahlen einen Mehrpreis von 4 € pro ÜN. Kinder unter 3 Jahre frei, von 3–5 Jahren 50 % Ermäßigung
Öffnungszeiten
Ganzjährig geöffnet,
Voranmeldung empfohlen

Jugendherberge Freudenstadt
Die JH liegt in der Nordstadt von Freudenstadt in unmittelbarer Nähe des Panoramabads
Informationen
Jana und Christian Sauter
Eugen-Nägele-Str. 69
72250 Freudenstadt
Tel. 07441 / 7720, Fax 07441 / 85788
info@jugendherberge-freudenstadt.de
www.jugendherberge-freudenstadt.de
Ausstattung
133 Betten, 3 Gemeinschaftsräume, Disco, Bücherecke, Klavier, Beamer, Flipchart, Terrasse, Bolzplatz, Spiel- und Liegewiese.
Preise
Ü/F ab 19,80 €, Ü/HP ab 25,10 €
Ü/VP ab 29,20 € Mitglieder ab 27 Jahren zahlen einen Mehrpreis von 4 € pro ÜN.
Kinder unter 3 Jahre frei,
von 3–5 Jahren 50 % Ermäßigung
Öffnungszeiten
Ganzjährig geöffnet,
Voranmeldung empfohlen

Jugendherberge Dornstetten-Hallwangen
Die JH liegt am östlichen Ortsrand von Hallwangen, mitten im Wald, ca. 30 Gehminuten vom malerischen Dornstetten.
Informationen
Melitta und Andreas Pochmann
Am Pfahlberg 39
72280 Dornstetten-Hallwangen
Tel. 07443 / 6469, Fax 07443 / 20212
info@jugendherberge-hallwangen.de
www.jugendherberge-hallwangen.de

Ausstattung
126 Betten, 4 Gemeinschaftsräume, Bistro, Taverne, Klavier, Sauna/Solarium, Tischtennis,Grillhütte, Feuerstelle, Bolzplatz
Preise
Ü/F ab 19,80 €, Ü/HP ab 25,10 €
Ü/VP ab 29,20 € Mitglieder ab 27 Jahren zahlen einen Mehrpreis von 4 € pro ÜN. Kinder unter 3 Jahre frei, von 3–5 Jahren 50 % Ermäßigung
Öffnungszeiten
Ganzjährig geöffnet, Voranmeldung empfohlen

Franz-Köbele-Jugendherberge Herrenwies
Die JH liegt an der Schwarzwaldhochstraße in einem Hochtal zwischen dem Winzerort Bühlertal und der Schwarzwaldtalsperre auf ca. 800 m
Informationen
Darina-Maria Stohr und
Sven-Christian Stohr
Herrenwies 33
76596 Forbach-Herrenwies
Tel. 07226 / 257
Fax 07226 / 1318
info@jugendherberge-herrenwies.de
www.jugendherberge-herrenwies.de
Ausstattung
125 Betten, 5 Gemeinschaftsräume, Umwelt-Labor, Beachvolleyballfeld, Fuß-, Basket-, Volleyballplatz, Feuerstelle, 2 Spielplätze
Preise
Ü/F ab 21,30 €
Ü/HP ab 26,60 €
Ü/VP ab 30,60 € Mitglieder ab 27 Jahren zahlen einen Mehrpreis von 4 € pro ÜN. Kinder unter 3 Jahre frei, von 3–5 Jahren 50 % Ermäßigung
Öffnungszeiten
Ganzjährig geöffnet, Voranmeldung empfohlen

Jugendherberge Schloss Ortenberg
Die JH ist im Schloss oberhalb des Weinbauortes Ortenberg untergebracht. Zwischen Rhein und Schwarzwald, im Kinzigtal
Informationen
Katja und Peter Hofmann
Burgweg 21
77799 Ortenberg
Tel. 0781 / 31749
Fax 0781 / 9481031
info@jugendherberge-schloss-ortenberg.de
www.jugendherberge-schloss-ortenberg.de
Ausstattung
146 Betten, 5 Gemeinschaftsräume, Disco, 2 Klaviere, E-Piano, Spielecke für Kleinkinder, Billard, Grillplatz, Volleyballnetz, Basketball
Preise
Ü/F ab 21,30 €
Ü/HP ab 26,60 €
Ü/VP ab 30,60 € Mitglieder ab 27 Jahren zahlen einen Mehrpreis von 4 € pro ÜN. Kinder unter 3 Jahre frei, von 3–5 Jahren 50 % Ermäßigung
Öffnungszeiten
Ganzjährig geöffnet, Voranmeldung empfohlen

Jugendherberge
Burg Rabeneck Pforzheim
Die JH im Stadtteil Dillweißenstein im Nagoldtal ist in Teile der unter Denkmalschutz stehenden Ruine der Burg "Rabeneck" integriert.
Informationen
Marlies und Gerrit de Vries
Kräheneckstr. 4
75180 Pforzheim-Dillweißenstein
Tel. 07231 / 972660
Fax 07231 / 972661
info@jugendherberge-pforzheim.de
www.jugendherberge-pforzheim.de
Ausstattung
96 Betten, alle mit Dusche/WC.
Für Rollstuhlfahrer geeignet.
3 Gemeinschaftsräume, Freizeitraum, TV, DVD-Player, Flipchart, Tischtennisplatte außen
Preise
Ü/F ab 21,30 €
Ü/HP ab 26,60 €
Ü/VP ab 30,60 € Mitglieder ab 27 Jahren zahlen einen Mehrpreis von 4 € pro ÜN.
Kinder unter 3 Jahre frei,
von 3-5 Jahren 50 % Ermäßigung
Öffnungszeiten
Ganzjährig geöffnet,
Voranmeldung empfohlen

NATURFREUNDEHÄUSER

Naturfreundehaus Kniebis (M 54)
Auf einem Hochplateau (960 m über NN) im nördlichen Schwarzwald gelegen, ist das ökologisch ausgerichtete Naturfreundehaus ein idealer Familienort direkt an der Waldgrenze. Viele Wanderwege kreuzen sich hier, im Winter sind viele der Wege mit Langlauf-Loipen gespurt. Auch für Fahrradfahrer und Mountainbiker hat die Region einiges zu bieten. Schneeschuhwanderungen bieten das ultimative Naturerlebnis im Winter.
Informationen
Naturfreundeweg 12
72250 Freudenstadt
Tel. 07442 / 3294
Fax 07442 / 123670
kniebis@khbgmbh.de
www.khbgmbh.de
GPS: N 48°28'04" / E 8°17'57"
Ausstattung
Vollbewirtschaftet, 42 Betten,
1 Raum für 55 Pers., 1 Raum für 25 Pers.,
Freizeitraum
Öffnungszeiten
10–22 Uhr

NATURPARK STROMBERG-HEUCHELBERG

VIABONO-PARTNER

Waldhotel Villa Waldeck
Abseits der großen Trassen liegt das Hotel Villa Waldeck vor den Toren Eppingens direkt am Fuße des Hardtwaldes, so als sei es ein wenig der Zeit entflohen. Ein weit verzweigtes Wanderwegenetz beginnt unmittelbar am Hotel, sportlich Ambitionierte finden vis a vis Tennis- und Sportanlagen und der Landkreis Heilbronn wartet gleich mit vier attraktiven Golfplätzen auf. Die meisten der Gästezimmer haben einen Balkon, von dem aus der Blick weit in die waldreiche Landschaft schweift.

Informationen
Uwe Krepp
Waldstraße 80, 75031 Eppingen
Tel. 07262 / 61800
Fax 07262 / 3366
villa-waldeck@t-online.de
www.villa-waldeck.de
Ausstattung
49 Zimmer, 80 Betten, 3 Tagungsräume, 5 Restauranträume, 2 Kegelbahnen, 1 TV Raum, 1 Leseraum, Wellnessbereich, Foyer
Preise
EZ ÜF von 40,50 € bis 77 €,
DZ ÜF von 89 € bis 98 €,
4- Bett- Zimmer ÜF ab 135,50 €
Öffnungszeiten
Ganzjährig außer 24.12. von 7 bis 24 Uhr

NATURFREUNDEHÄUSER

**Naturfreundehaus
Am Herrenbrunnen (L 11)**
Das Naturfreundehaus liegt am Südhang oberhalb der Enz 305 m über NN inmitten einer jahrhundertealten Kulturlandschaft mit mittelalterlichen Burgruinen, kleinen Fachwerkstädten und dem Kloster Maulbronn. Von Mühlacker aus führen viele markierte Wander- und Radwege mit unterschiedlichen Schwierigkeitsstufen durch den Naturpark mit seiner vielfältigen Landschaft. Oder man geht zu einem „Feschdle", einem Hoffest der vielen Winzer und genießt bei einem guten Wein die Mentalität der Menschen in der Region.
Informationen
Klinge 3
75417 Mühlacker-Enzberg
Tel. 07041 / 5809
L11@naturfreundehaus.de
www.L11.naturfreundehaus.de
GPS: N 48°56'27" / E 8°48'17"
Ausstattung
Teilbewirtschaftet (mit Getränken), 26 Betten und 4 Plätze im Lager, 1 Raum für 60 Pers., 1 Raum für 35 Pers.
Preise
ÜN ab 10 €
Öffnungszeiten
Geöffnet: So, Geschlossen: feiertags

**Naturfreundehaus
Botenheimer Heide (M 6)**
Das Naturfreundehaus liegt am Fuße des Michaelsbergs auf 300 m über NN. Nahe des Hauses befindet sich ein Freizeitpark mit benachbartem Wildparadies „Tripsdrill" mit Walderlebnispfad, Barfußpfad sowie Tierfütterungen. Wanderer finden eine abwechslungsreiche Landschaft mit Wäldern, Bachauen, Streuobstwiesen, markierten Wander- und Radwegen. Den berühmten regionalen Rotwein kann man in urigen Gaststuben oder direkt auf den Höfen der Winzer probieren.
Informationen
74389 Cleebronn
Tel. 07135 / 3344
M6@naturfreundehaus.de
www.M6.naturfreundehaus.de
GPS: N 49°02'50" / E 9°03'26"
Ausstattung
Vollbewirtschaftet, 20 Betten und 20 Plätze im Lager, 1 Raum für 60 Pers., 1 Raum für 30 Pers., 1 Raum für 40 Pers.
Preise
ÜN ab 6 €
Öffnungszeiten
1.4.–31.10.: Sa und So 14–19 Uhr, am letzten Wochenende des Monats geschlossen

ECOCAMPING

Stromberg-Camping
Der Campingplatz liegt direkt im Naturpark Stromberg-Heuchelberg mitten in den wunderschönen Weinlandschaften Kraichgau und Stromberg in herrlicher, unberührter Natur. Im Osten und Norden wird der Platz von ausgedehnten Wäldern begrenzt, die zum Wandern einladen. Zum Erhalt der landschaftlichen Schönheit und des ökologischen Gleichgewichtes dieses Gebietes fühlen sich die Inhaber des Platzes besonders verpflichtet. Neben den Ausfügen in die Landschaft bietet der Platz eine Vielzahl an attraktiven Angeboten zur Urlaubsgestaltung: Ponyreitstall, Streicheltiere und das Kinder-Ferienprogramm sind für die Kleinen ideal. Für die Größeren und Großen bietet die Freiluftkegelbahn, der Minigolfplatz und die Grillhütte Möglichkeiten zum Vergnügen. Außerdem gibt es gibt ein Schwimmbad und ein Restaurant.
Informationen
Diefenbacher Str. 70
75438 Knittlingen-Freudenstein
Tel. 07043 / 40405
Fax 07043 / 2160
info@strombergcamping.de
www.strombergcamping.de
Touristenstellplätze: 50
Stellplätze insgesamt: 570

NATURPARK SÜDSCHWARZWALD

VIABONO-PARTNER

Familotel Ebi
Ruhige Lage, Ort von Wald umgeben, Hallenbad, Sauna, geräumige Gästezimmer und 2-Raum Appartements mit Balkon, Kinderbetreuung, Nichtraucher, großes Wanderwegenetz, Loipen, geführte Wanderungen durch die Kurverwaltung, viele Ausflugsmöglichkeiten.
Informationen
Klosterstraße 4
79877 Friedenweiler
Tel. 07651 / 922490
Fax 07651 / 9224935
Familotel-ebi@t-online.de
www.familotel-ebi.de
Ausstattung
17 Zimmer
Preise
Ab 59 € incl. HP, Kinderpreis von 6 € bis 23 € je nach Altersstaffelung „all inclusive"
Öffnungszeiten
23. Dezember bis 3. November

JUGENDHERBERGEN

Jugendherberge Villingen
Die Jugendherberge mit einem großen Freigelände liegt am westlichen Stadtrand, nahe am Wald.
Informationen
Marianne und Manfred Huger
St.-Georgener-Str. 36
78048 Villingen-Schwenningen
Tel. 07721 / 54149
Fax 07721 / 52616
info@jugendherberge-villingen.de
www.jugendherberge-villingen.de
Ausstattung
128 Betten, 4 Gemeinschaftsräume, Disco, Klavier, Tischtennis (innen/aussen), Spiel-/Liegewiese mit Toren, Volleyballfeld, Grillstelle
Preise
Ü/F ab 19,80 €
Ü/HP ab 25,10 €
Ü/VP ab 29,20 € Mitglieder ab 27 Jahren zahlen einen Mehrpreis von 4 € pro ÜN. Kinder unter 3 Jahre frei, von 3–5 Jahren 50 % Ermäßigung
Öffnungszeiten
Ganzjährig geöffnet,
Voranmeldung empfohlen

Jugendherberge Freiburg
Die JH liegt im Osten der Stadt am Waldrand in einem Landschaftsschutzgebiet
Informationen
Marianne und Josef Handgrad
Kartäuserstr. 151, 79104 Freiburg
Tel. 0761 / 67656, Fax 0761 / 60367
info@jugendherberge-freiburg.de
www.jugendherberge-freiburg.de
Ausstattung
368 Betten, 10 Gemeinschaftsräume mit 30–80 Plätzen, Saal (250 m2), Musikkeller, Ballspielplatz mit Volleyballfeld und Baskettballkörben
Preise
Ü/F ab 24,10 €
Ü/HP ab 29 €
Ü/VP ab 33 € Mitglieder ab 27 Jahren zahlen einen Mehrpreis von 4 € pro ÜN. Kinder unter 3 Jahre frei, von 3–5 Jahren 50 % Ermäßigung
Öffnungszeiten
Ganzjährig geöffnet,
Voranmeldung empfohlen

Jugendherberge Rudenberg
Die JH liegt hoch oben auf dem Fullberg am östlichen Stadtrand von Neustadt.
Informationen
Simone und Michael Häringer
Rudenberg 6
79822 Titisee-Neustadt/Rudenberg
Tel. 07651 / 7360, Fax 07651 / 42 99
info@jugendherberge-titisee-rudenberg.de
www.jugendherberge-titisee-rudenberg.de
Ausstattung
146 Betten, 7 Gemeinschaftsräume, Halle (120 m2), Tischtennis (innen/aussen), Volley-/Fußballplatz, Basketballkorb, Grillplatz
Preise
Ü/F ab 21,30 €, Ü/HP ab 26,60 €
Ü/VP ab 30,60 € Mitglieder ab 27 Jahren zahlen einen Mehrpreis von 4 € pro ÜN. Kinder unter 3 Jahre frei, von 3–5 Jahren 50 % Ermäßigung
Öffnungszeiten
Ganzjährig geöffnet,
Voranmeldung empfohlen

Jugendherberge Hebelhof Feldberg
Die JH liegt auf der Paßhöhe (1.234 m) des höchsten Schwarzwaldberges, des Feldbergs. Naturschutzgebiet, Alpine Abfahrten, Langlaufloipen
Informationen
Brit-Ulrike Stohr und
Carlo Andrea Donati
Paßhöhe 14
79868 Feldberg
Tel. 07676 / 221, Fax 07676 / 1232
info@jugendherberge-feldberg.de
www.jugendherberge-feldberg.de
Ausstattung
267 Betten, 8 Gemeinschaftsräume, Entspannungsraum, Familienaufenthaltsraum mit Spielecke, Internet-Terminal, „Beach-Disco", Turnhalle + Kletterwand, Bolz-/Volleyballplatz
Preise
Ü/F ab 21,30 €, Ü/HP ab 26,60 €
Ü/VP ab 30,60 € Mitglieder ab 27 Jahren zahlen einen Mehrpreis von 4 € pro ÜN. Kinder unter 3 Jahre frei, von 3–5 Jahren 50 % Ermäßigung
Öffnungszeiten
Ganzjährig geöffnet,
Voranmeldung empfohlen

Jugendherberge Menzenschwand
Die JH (ehemaliges Bauernhaus) liegt am Ortseingang von St. Blasien nach Menzenschwand-Vorderdorf.
Informationen
Carola und Andreas Mayer
Vorderdorfstr. 10
79837 St. Blasien-Menzenschwand
Tel. 07675 / 326, Fax 07675 / 1435
info@jugendherberge-menzenschwand.de
www.jugendherberge-menzenschwand.de
Ausstattung
124 Betten, 3 Gemeinschaftsräume, Tagungs- und Probenraum, DVD-Player, Flipchart, Tischtennisplatte (innen), Tischkicker, Billard.
Preise
Ü/F ab 19,80 €, Ü/HP ab 25,10 €
Ü/VP ab 29,20 € Mitglieder ab 27 Jahren zahlen einen Mehrpreis von 4 € pro ÜN. Kinder unter 3 Jahre frei, von 3–5 Jahren 50 % Ermäßigung
Öffnungszeiten
Ganzjährig geöffnet,
Voranmeldung empfohlen

Jugendherberge Wolfsgrund
Die JH liegt liegt am südwestlichen Ortsrand auf einer Landzunge direkt am Schluchsee, im Ortsteil Wolfsgrund.
Informationen
Simone und Norbert Eichin
Im Wolfsgrund 28
79859 Schluchsee-Wolfsgrund
Tel. 07656 / 329
Fax 07656 / 9237
info@jugendherberge-schluchsee-wolfsgrund.de
www.jugendherberge-schluchsee-wolfsgrund.de
Ausstattung
128 Betten, 4 Gemeinschaftsräume, Billard, Tischtennis, Spielwiese mit Streetball, Torwand, Grillstelle, Kanu-/Bootsverleih
Preise
Ü/F ab 19,80 €, Ü/HP ab 25,10 €
Ü/VP ab 29,20 € Mitglieder ab 27 Jahren zahlen einen Mehrpreis von 4 € pro ÜN. Kinder unter 3 Jahre frei,
von 3–5 Jahren 50 % Ermäßigung
Öffnungszeiten
Ganzjährig geöffnet,
Voranmeldung empfohlen

NATURFREUNDEHÄUSER

Naturfreundehaus Brend (L 38)
Das Naturfreundehaus liegt auf dem Furtwanger Hausberg Brend auf 1.150 m über NN. Der Höhenwanderweg Westweg führt direkt am Haus vorbei, im Winter die Langlaufloipe von Schonach über Hinterzarten zum Belchen.
Blicke bis zu den Schweizer Alpen, Säntis und Berner Oberland bietet der nur 300 m entfernte Brendturm. Mountainbiker finden in der Gegend um das Naturfreundehaus viele gute Wege.
Informationen
Auf dem Brend 5
78120 Furtwangen
Tel. 07723 / 803
Fax 07723 / 912576
nfh.brend@t-online.de
www.naturfreundehaus-brend.de
GPS: N 48"04'53" / E 8°09'35"
Ausstattung
Vollbewirtschaftet, 48 Betten,
1 Raum für 65 Pers., 1 Raum für 25 Pers., Freizeitraum
Preise
VP ab 35 €
Öffnungszeiten
Geschlossen: Mo

Naturfreundehaus Feldberg (L 40)
Das Naturfreundehaus liegt an der Nordostseite des Feldberges unterhalb des Baldenweger Buck auf 1.342 m über NN. Mit zwei Selbstversorgerküchen und zwei großen Aufenthaltsräumen eignet sich das Haus besonders für Familien- und Gruppenfreizeiten. Daneben wird ein reichhaltiges Frühstücksbuffet und eine umfangreiche Vesperkarte angeboten. Das Haus ist idealer Ausgangspunkt für Touren und Wanderungen zu jeder Jahreszeit. Den Gästen stehen im Winter Schneeschuhe zur Verfügung. Unterhalb des Hauses befindet sich ein Einstiegspunkt in das Loipengebiet des Feldberges. Der nächste Skilift befindet sich in 8 km Entfernung.
Informationen
Am Baldenweger Buck
79868 Feldberg
Tel. 07676 / 336
Fax 07676 / 939960
info@naturfreundehaus-feldberg.de
www.naturfreundehaus-feldberg.de
GPS: N 47°52'54" / E 8°00'58"
Ausstattung
Verpflegung nach Absprache, 47 Betten, 1 Raum für 50 Pers., 1 Raum für 25 Pers.
Preise
ÜN ab 12 €
Öffnungszeiten
Restaurant: Sa, So und in Ferienzeiten ganztägig, für Hausgäste immer.

ECOCAMPING

Camping Kirchzarten
Der Campingplatz im Luftkurort Kirchzarten liegt im Dreisamtal, einem der schönsten Täler des Schwarzwaldes mit vielen Landschafts- und Naturschutzgebieten. Die Gemeinde Kirchzarten, der der Platz gehört, ist der lokalen Agenda 21 beigetreten und hat von daher ein besonderes Anliegen Umweltschutzaspekte bei der Platzgestaltung mitzuberücksichtigen und somit zur Erhaltung der Landschaft beizutragen. Neben der wunderschönen Landschaft und einen kleinen Bach, der das Tal durchfliesst, bietet der Platz außerdem ein Restaurant und einen

Minigolfplatz. Unmittelbar an den Campingplatz grenzt das gemeindeeigene Schwimmbad in dem Camper freien Eintritt erhalten.

Informationen

Dietenbacher Str. 17
79199 Kirchzarten
Tel. 07661 / 61624
Fax 07661 / 9040910
info@camping-kirchzarten.de
www.camping-kirchzarten.de
Touristenstellplätze: 355
Stellplätze insgesamt: 500,
Mietwohnwagen

Campingplatz Bankenhof

Der Campingplatz Bankenhof liegt in einem wertvollen Naturschutzgebiet, im Zentrum des Hochschwarzwalds nahe dem Titisee. Am Waldrand liegend, grenzt er unmittelbar an Grünland sowie an ein Feuchtgebiet. Es gibt hier ein Restaurant, einen kleinen SB -Laden, sowie Mietwohnwagen und eine Ferienwohnung. Skisportler können in eine selbstgespurte Loipe direkt vom Platz aus einsteigen. Schnee- und winterbegeisterte Kinder freuen sich über den Rodelhang in umittelbarer Nähe.

Informationen

Bruderhalde 31
79822 Titisee
Tel. 07652 / 5907
Fax 07652 / 1351
Info@Bankenhof.de
www.bankenhof.de
Touristenstellplätze: 171
Stellplätze insgesamt: 190,
Mietwohnwagen

URLAUB AUF DEM BAUERNHOF

Althäuslehof

Familienfreundlicher Bauernhof mit vielen Angeboten für erlebnisreiche und erholsame Ferientage. Ruhige und sonnige Panoramalage in 1.000 m Höhe mit traditioneller Gastfreundlichkeit und viel Komfort. Viel Natur und Freiheit ohne Grenzen. Ein Geheimtipp sind die Wintertage auf dem Althäuslehof: Tauchen Sie ein in die verschneite Landschaft, genießen Sie Ruhe und die Schönheit der Schwarzwälder Berge. Die Langlaufloipe ab Hof und die Skilifte in nächster Nähe versprechen Spaß und Sport.

Informationen

Herrn Mathias Ketterer
79271 St. Peter
Tel. 07660 / 466
Mobil 0151 / 14432240
info@althaeuslehof.de
www.althaeuslehof.de

Ausstattung

6 Ferienwohnungen (4 Sterne)

Preise

ab 47 €

Öffnungszeiten

Vermietung ganzjährig

Gschwinghof
Der Einzelhof liegt auf 980 m ü.NN in völlig ruhiger und sonniger Höhenlage inmitten einer biotopreichen Wiesen- und Waldlandschaft. Direkt ab Hof führen herrliche Wander-, Nordic Walking-, Inliner- und Mountainbike-Wege am Plattensee, Wasserfällen und Bannwaldgebieten vorbei. Im Winter lockt die Hochwaldloipe vor der Haustür, Ski Alpin ist auf dem nahegelegenen Kandel, Thurner und Feldberg möglich.
Informationen
Familie Margarete u. Matthäus Weber
Schönhöfe 3
79271 St. Peter
Tel. 07660 / 487
Fax 07660 / 920591
fewo@gschwinghof.de
www.gschwinghof.de
Ausstattung
3 FeWo
Preise
ab 50 €
Öffnungszeiten
Vermietung ganzjährig

BIOSPHÄRENRESERVAT SCHWÄBISCHE ALB

JUGENDHERBERGEN

Jugendherberge Bad Urach
Die JH liegt in Halbhöhenlage südwestlich der Stadt im Seltbachtal am Nordrand der schwäbischen Alb, unterhalb der Ruine Hohen Urach
Informationen
Sabine und Arthur Striebel
Burgstr. 45, 72574 Bad Urach
Tel. 07125 / 8025, Fax 07125 / 40358
info@jugendherberge-bad-urach.de
www.jugendherberge-bad-urach.de
Ausstattung
123 Betten, 2 Gemeinschaftsräume, Kunstrasenplatz, Handballtore, Basketballkorb, Volleyballnetz, Kletterwand, Spielwiese
Preise
Ü/F ab 21,30 €, Ü/HP ab 26,60 €
Ü/VP ab 30,60 € Mitglieder ab 27 Jahren zahlen einen Mehrpreis von 4 € pro ÜN. Kinder unter 3 Jahre frei,
von 3–5 Jahren 50 % Ermäßigung
Öffnungszeiten
wegen Sanierung und Umbau voraussichtlich bis Oktober 2011 geschlossen.

NATURFREUNDEHÄUSER

Naturfreundehaus Seltbachhaus (M 43)
Gegenüber der Ruine Hohen-Urach, oberhalb der Jugendherberge, liegt das Naturfreundehaus auf 465 m über NN. Das Vereinsheim ist ein idealer Ausgangspunkt und Zielpunkt für Wanderungen, Mountainbike-Touren oder Nordic Walking inmitten der Schwäbischen Alb. Das Naturfreundehaus liegt auch an den Natura Trails Jusi und Ermstal (www.natura-trails.naturfreunde.de).
Informationen
Seltbachtal 2, 72574 Bad Urach
Tel. 07125 / 70614
info@naturfreunde-badurach.de
www.naturfreunde-badurach.de
GPS: N 48°29'22" / E 9°23'04"
Ausstattung
Selbstversorgerhaus, 18 Betten,
1 Raum für 60 Pers., 1 Raum für 15 Pers.
Preise
ÜN ab 9 €
Öffnungszeiten
Sa 14–18 Uhr, So und Feiertags 10–18 Uhr

Naturfreundehaus Am Lindenplatz (M 47)

Das Naturfreundehaus liegt am Fuß des Drackenberges in unmittelbarer Nähe des Vulkanschlotes „Bürzlen“ in 550 m über NN direkt am Waldrand in reizvoller Lage mit Blick auf Eningen unter Achalm. Das Naturfreundehaus liegt auch an den Natura Trails Jusi und Ermstal, Neuffener Tal und Jusi.

Informationen
Paul-Jauch-Weg 40
72800 Eningen
Tel. 07121 / 88699
naturfreundehaus-eningen@naturfreunde-eningen.de
www.naturfreunde-eningen.de
GPS: N 48°28′52″ / E 9°16′22″

Ausstattung
Teilbewirtschaftet (mit Getränken), 22 Betten und 28 Plätze im Lager, 1 Raum für 80 Pers., 1 Raum für 45 Pers.

Preise
ÜN ab 9 €

Öffnungszeiten
Geöffnet: Sa, So, feiertags. Geschlossen: Weihnachten, die ersten drei Wochen der Sommerferien in Baden-Württemberg. Für Übernachtungsgäste durchgehend geöffnet.

Naturfreundehaus Römerstein (M 42)

Das Naturfreundehaus liegt am Römerstein, der höchsten Erhebung der mittleren Alb auf 874 m über NN. Wanderer und Radler können von hier aus die ursprüngliche Natur dieser herben Karstlandschaft leicht auf eigene Faust erkunden. Geologen, Interessierte an Fauna und Flora haben ein weites Feld für Aktivitäten, besonders auf dem Gelände des ehemaligen Truppenübungsplatzes in Münsingen. Das Naturschutzzentrum ist nur 5 km entfernt.

Informationen
Böhringerstr. 4
72587 Römerstein-Donnstetten
Tel. 07382 / 856
M42@naturfreundehaus.de
www.M42.naturfreundehaus.de
GPS: N 48°30′39″ / E 9°33′18″

Ausstattung
Selbstversorgerhaus, 34 Betten, 1 Raum für 40 Pers., 1 Raum für 20 Pers.

Preise
Hauspreis: Eine Nacht 180 €, Wochenende 380 €, Einzelpersonen oder Kleingruppen auf Anfrage.

Naturfreundehaus Falkenberg (M 46)
Das Naturfreundehaus liegt in Halbhöhenlage am Rande der Metzinger Weinberge, inmitten von Streuobstwiesen und mit Ausblick auf den Nordrand der Schwäbischen Alb. Unser Haus verfügt über 80 Sitzplätze im Innenbereich, eine Kinderspielecke, Spielplatz, Wickelraum und ein großzügiges Gelände für abenteuerlustige Entdecker. Mit einem breiten Getränke- und Speisenangebot aus vorwiegend regionalen Produkten und Zutaten setzen wir eine nachhaltig ökologische Betriebsform um. Das Naturfreundehaus liegt auch an den Natura Trails Jusi und Ermstal, Neuffener Tal und Jusi (www.natura-trails.naturfreunde.de).
Informationen
Neuffener Straße
72555 Metzingen
Tel. 07123 / 4983
nfh-falkenberg@naturfreunde.de
www.naturfreunde-metzingen.de
GPS: N 48°32'42" / E 9°18'25"
Ausstattung
Vollbewirtschaftet, großer Biergarten,
12 Betten und 10 Plätze im Lager,
1 Raum für 60 Pers., 1 Raum für 30 Pers.,
1 Raum für 12 Pers.
Preise
ÜN ab 3,20 €
Öffnungszeiten
Mi–Sa ab 13 Uhr,
So und Feiertags ab 10 Uhr

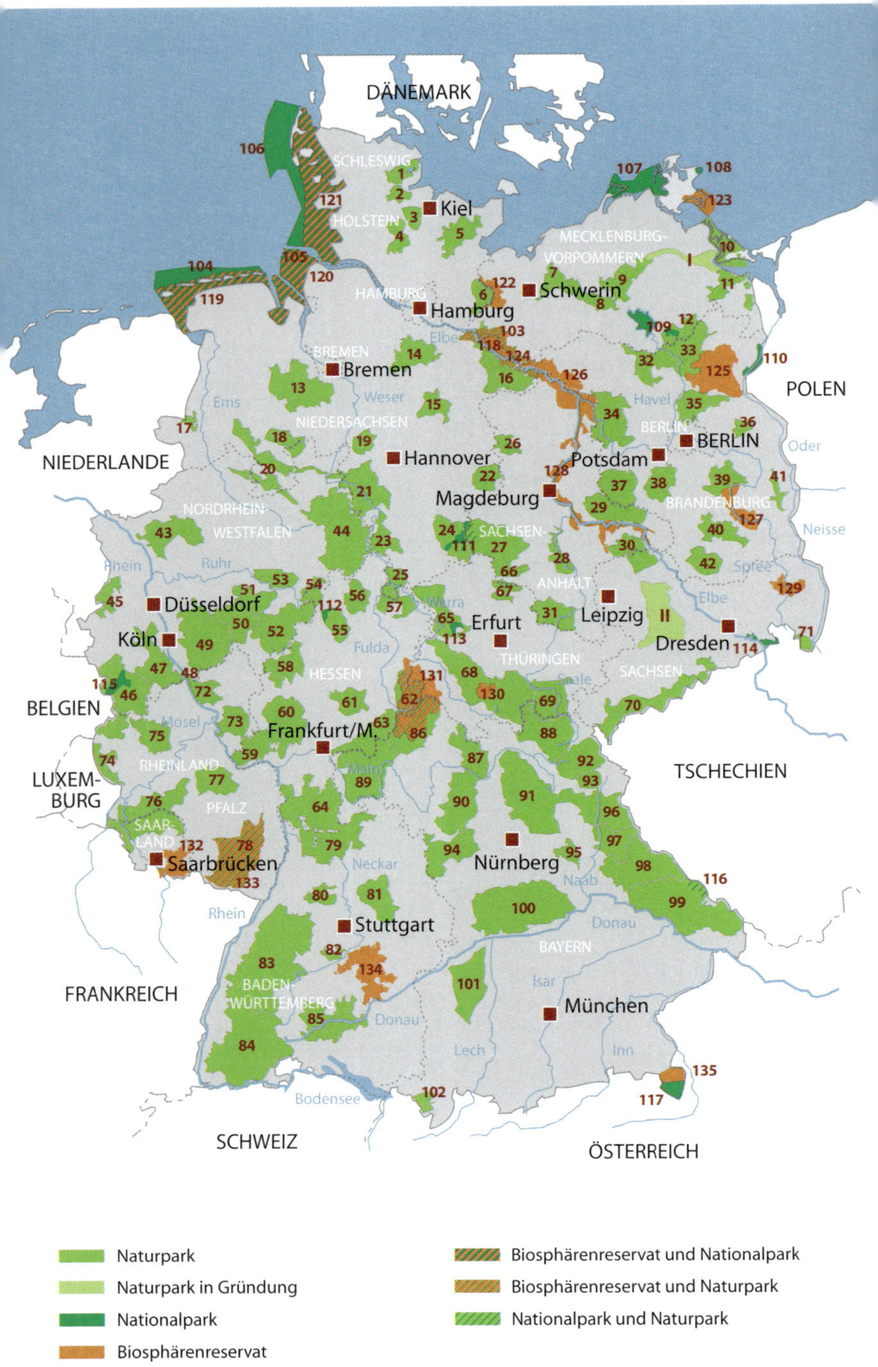
DÄNEMARK
POLEN
NIEDERLANDE
BELGIEN
LUXEMBURG
FRANKREICH
SCHWEIZ
ÖSTERREICH
TSCHECHIEN
SCHLESWIG-HOLSTEIN
MECKLENBURG-VORPOMMERN
HAMBURG
BREMEN
NIEDERSACHSEN
BERLIN
BRANDENBURG
SACHSEN-ANHALT
NORDRHEIN-WESTFALEN
HESSEN
THÜRINGEN
SACHSEN
RHEINLAND-PFALZ
SAAR-LAND
BADEN-WÜRTTEMBERG
BAYERN
Kiel
Schwerin
Hamburg
Bremen
Hannover
Potsdam
BERLIN
Magdeburg
Düsseldorf
Köln
Leipzig
Dresden
Erfurt
Frankfurt/M.
Saarbrücken
Nürnberg
Stuttgart
München
Elbe
Weser
Ems
Havel
Oder
Neisse
Spree
Rhein
Ruhr
Werra
Fulda
Saale
Mosel
Main
Neckar
Naab
Donau
Isar
Lech
Inn
Bodensee
Naturpark
Naturpark in Gründung
Nationalpark
Biosphärenreservat
Biosphärenreservat und Nationalpark
Biosphärenreservat und Naturpark
Nationalpark und Naturpark

NATURPARKE

1 Schlei
2 Hüttener Berge
3 Westensee
4 Aukrug
5 Holsteinische Schweiz
6 Lauenburgische Seen
7 Sternberger Seenland
8 Nossentiner / Schwinzer Heide
9 Mecklenburgische Schweiz und Kummerower See
10 Insel Usedom
11 Am Stettiner Haff
12 Feldberger Seenlandschaft
13 Wildeshauser Geest
14 Lüneburger Heide
15 Südheide
16 Elbhöhen-Wendland
17 Bourtanger Moor-Bargerveen
18 Dümmer
19 Steinhuder Meer
20 TERRA.vita
21 Weserbergland
22 Elm-Lappwald
23 Solling-Vogler im Weserbergland
24 Harz
25 Münden
26 Drömling
27 Harz / Sachsen-Anhalt
28 Unteres Saaletal
29 Fläming
30 Dübener Heide
31 Saale-Unstrut-Triasland
32 Stechlin-Ruppiner-Land
33 Uckermärkische Seen
34 Westhavelland
35 Barnim
36 Märkische Schweiz
37 Hoher Fläming
38 Nuthe-Nieplitz
39 Dahme-Heideseen
40 Niederlausitzer Landrücken
41 Schlaubetal
42 Niederlausitzer Heidelandschaft
43 Hohe Mark – Westmünsterland
44 Teutoburger Wald / Eggegebirge
45 Schwalm-Nette
46 Deutsch-Belgischer Naturpark Hohes Venn-Eifel
47 Rheinland
48 Siebengebirge
49 Bergisches Land
50 Ebbegebirge
51 Homert
52 Rothaargebirge
53 Arnsberger Wald
54 Diemelsee
55 Kellerwald-Edersee
56 Habichtswald
57 Meißner-Kaufunger Wald
58 Lahn-Dill-Bergland
59 Rhein-Taunus
60 Hochtaunus
61 Hoher Vogelsberg
62 Hessische Rhön
63 Hessischer Spessart
64 Bergstraße-Odenwald
65 Eichsfeld-Hainich-Werratal
66 Südharz
67 Kyffhäuser
68 Thüringer Wald
69 Thüringer Schiefergebirge / Obere Saale
70 Erzgebirge / Vogtland
71 Zittauer Gebirge
72 Rhein-Westerwald
73 Nassau
74 Südeifel
75 Vulkaneifel
76 Saar-Hunsrück
77 Soonwald-Nahe
78 Pfälzerwald
79 Neckartal-Odenwald
80 Stromberg-Heuchelberg
81 Schwäbisch-Fränkischer Wald
82 Schönbuch
83 Schwarzwald Mitte / Nord
84 Südschwarzwald
85 Obere Donau
86 Bayerische Rhön
87 Haßberge
88 Frankenwald
89 Bayerischer Spessart
90 Steigerwald
91 Fränkische Schweiz-Veldensteiner Forst
92 Fichtelgebirge
93 Steinwald
94 Frankenhöhe
95 Hirschwald
96 Nördlicher Oberpfälzer Wald
97 Oberpfälzer Wald
98 Oberer Bayerischer Wald
99 Bayerischer Wald
100 Altmühltal
101 Augsburg-Westliche Wälder
102 Nagelfluhkette
103 Naturpark Mecklenburgisches Elbetal *

NATURPARKE IN GRÜNDUNG

I Peenetal
II Muldenland

NATIONALPARKE

104 Niedersächsisches Wattenmeer
105 Hamburgisches Wattenmeer
106 Schleswig-Holsteinisches Wattenmeer
107 Vorpommersche Boddenlandschaft
108 Jasmund
109 Müritz
110 Unteres Odertal
111 Harz
112 Kellerwald-Edersee
113 Hainich
114 Sächsische Schweiz
115 Eifel
116 Bayerischer Wald
117 Berchtesgaden

BIOSPHÄRENRESERVATE

118 Niedersächsische Elbtalaue
119 Niedersächsisches Wattenmeer
120 Hamburgisches Wattenmeer
121 Schleswig-Holsteinisches Wattenmeer
122 Schaalsee
123 Südost-Rügen
124 Flusslandschaft Elbe-Mecklenburg Vorpommern*
125 Schorfheide-Chorin
126 Flusslandschaft Elbe Brandenburg
127 Spreewald
128 Mittelelbe
129 Oberlausitzer Heide- und Teichlandschaft
130 Vessertal
131 Rhön
132 Bliesgau
133 Pfälzerwald
134 Biosphärengebiet Schwäbische Alb
135 Berchtesgadener Land

** Das Gebiet ist Teil des länderübergreifenden Biosphärenreservates Flusslandschaft Elbe und zugleich Naturpark. In naher Zukunft soll es auch auf Landesebene zu einem eigenen Biosphärenreservat entwickelt werden.*

Danksagung

Unser Dank gilt folgenden Institutionen und Personen, die das Buch mit Informationen, Hinweisen, Bildern und Quellen unterstützt haben:

NATURPARK NECKARTAL-ODENWALD
Jasmin Ciecior

NATURPARK OBERE DONAU
Bernd Schneck

NATURPARK SCHÖNBUCH
Mathias Allgäuer, Eva Selg

BIOSPHÄRENRESERVAT SCHWÄBISCHE ALB
Katrin Rochner

NATURPARK SCHWÄBISCH-FRÄNKISCHER WALD
Bernhard Drixler, Maike Krauß

NATURPARK SCHWARZWALD MITTE/NORD
Karl-Heinz Dunker, Yvonne Flesch

NATURPARK STROMBERG-HEUCHELBERG
Dietmar Gretter

NATURPARK SÜDSCHWARZWALD
Valerie Bässler, Roland Schöttle

Kaufland und Lidl unterstützen
den Verband Deutscher Naturparke

Fotos/Bildnachweis

TITELFOTO
Warren Goldswain / Shutterstock.de

NATURPARK NECKARTAL-ODENWALD
Naturpark Neckartal-Odenwald, Stadt Buchen, Stadt Walldürn, Stadt Mosbach, Stadt Heidelberg, Gemeinde Schwarzach, Kurgestüt Hoher Odenwald, Roland Schönmüller

NATURPARK OBERE DONAU
Haus der Natur Obere Donau

NATURPARK SCHÖNBUCH
Hartmut Wimmer, Matthias Hauser, Werner Schaal, Boris Liebert, Erich Tomschi, Regierungspräsidium Tübingen – Abteilung Forstdirektion

BIOSPHÄRENRESERVAT SCHWÄBISCHE ALB
Geschäftsstelle Biosphärenreservat Schwäbische Alb, Katrin Rochner, Christian Malichier

NATURPARK SCHWÄBISCH-FRÄNKISCHER WALD
Naturpark-Archiv Schwäbisch-Fränkischer Wald, Beate Siegel

NATURPARK SCHWARZWALD MITTE/NORD
Naturpark Schwarzwald Mitte/Nord

NATURPARK STROMBERG-HEUCHELBERG
Naturpark Stromberg-Heuchelberg, Dietmar Gretter, Araneus

NATURPARK SÜDSCHWARZWALD
Naturpark Südschwarzwald, W. Herman, S. Arendt, T. Kaiser, U. Maier, C. Wasmer, J. Hopermann, M. Schlegel, FWTM / K.-H. Raach, H. Lacher, H. Knoblauch, STG / C. Eberle, T. Lindenmeir